ZEN DOODLES A BIZZEFFE

Adulto Da Colorare Libro Zen Doodle Edition

Coloring Bandit

Pubblicato da Speedy Publishing Canada Limited

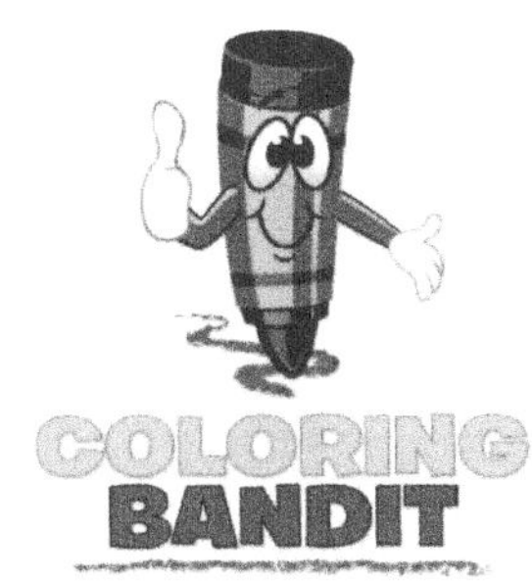

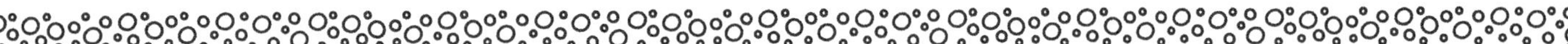

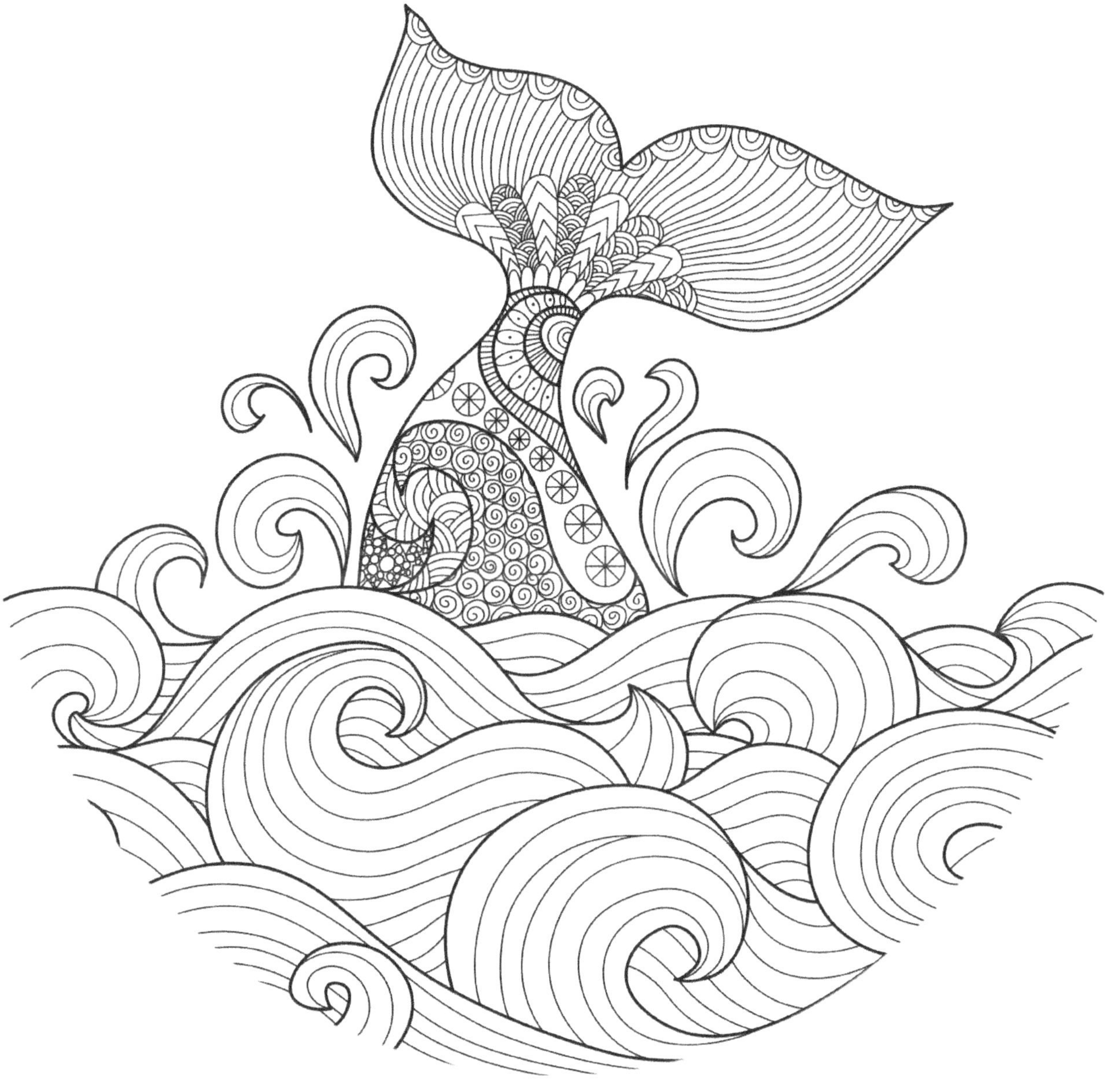

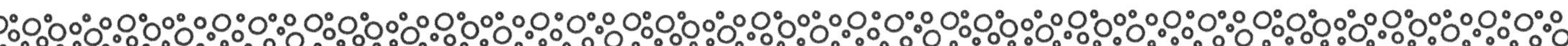

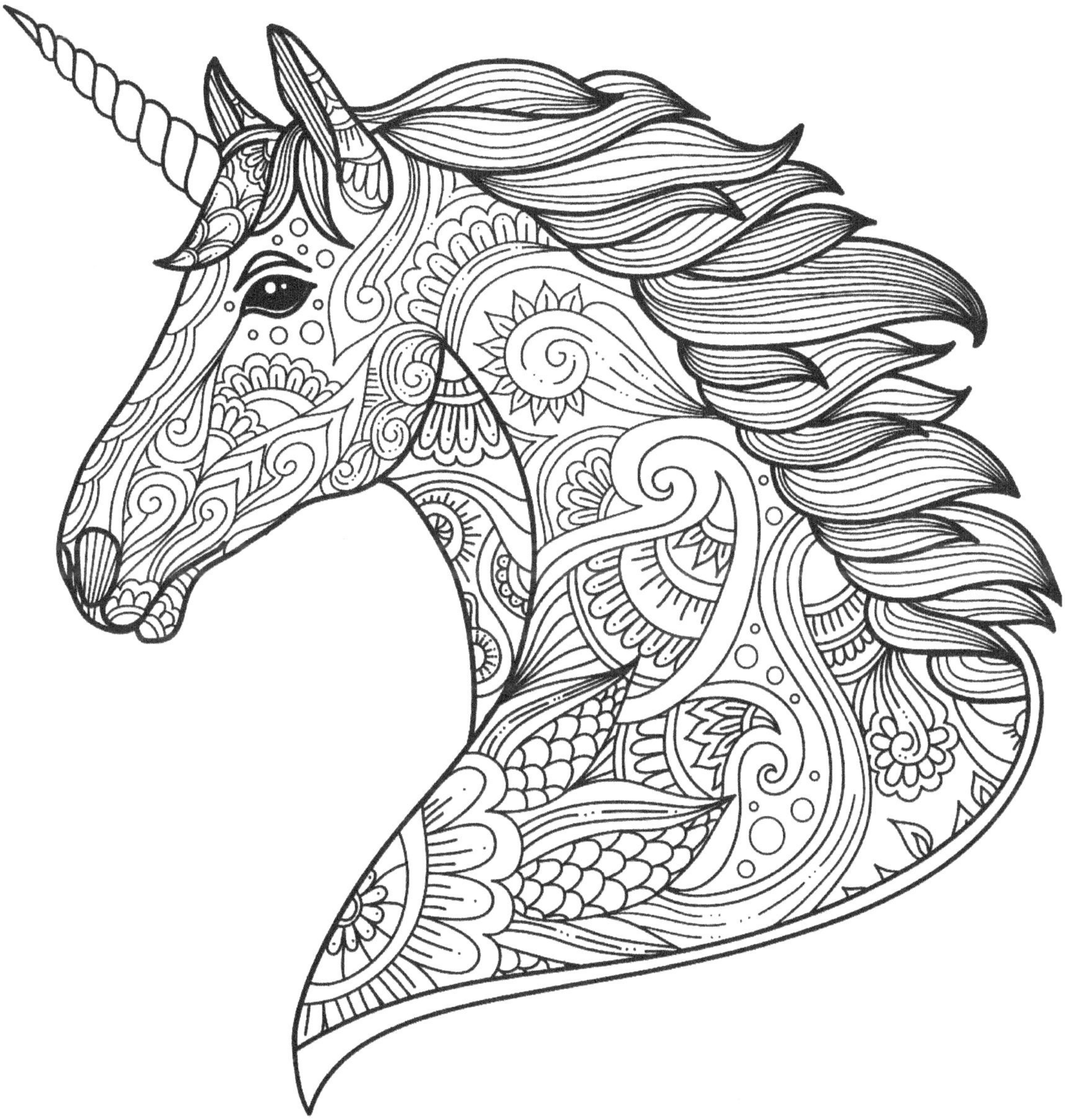

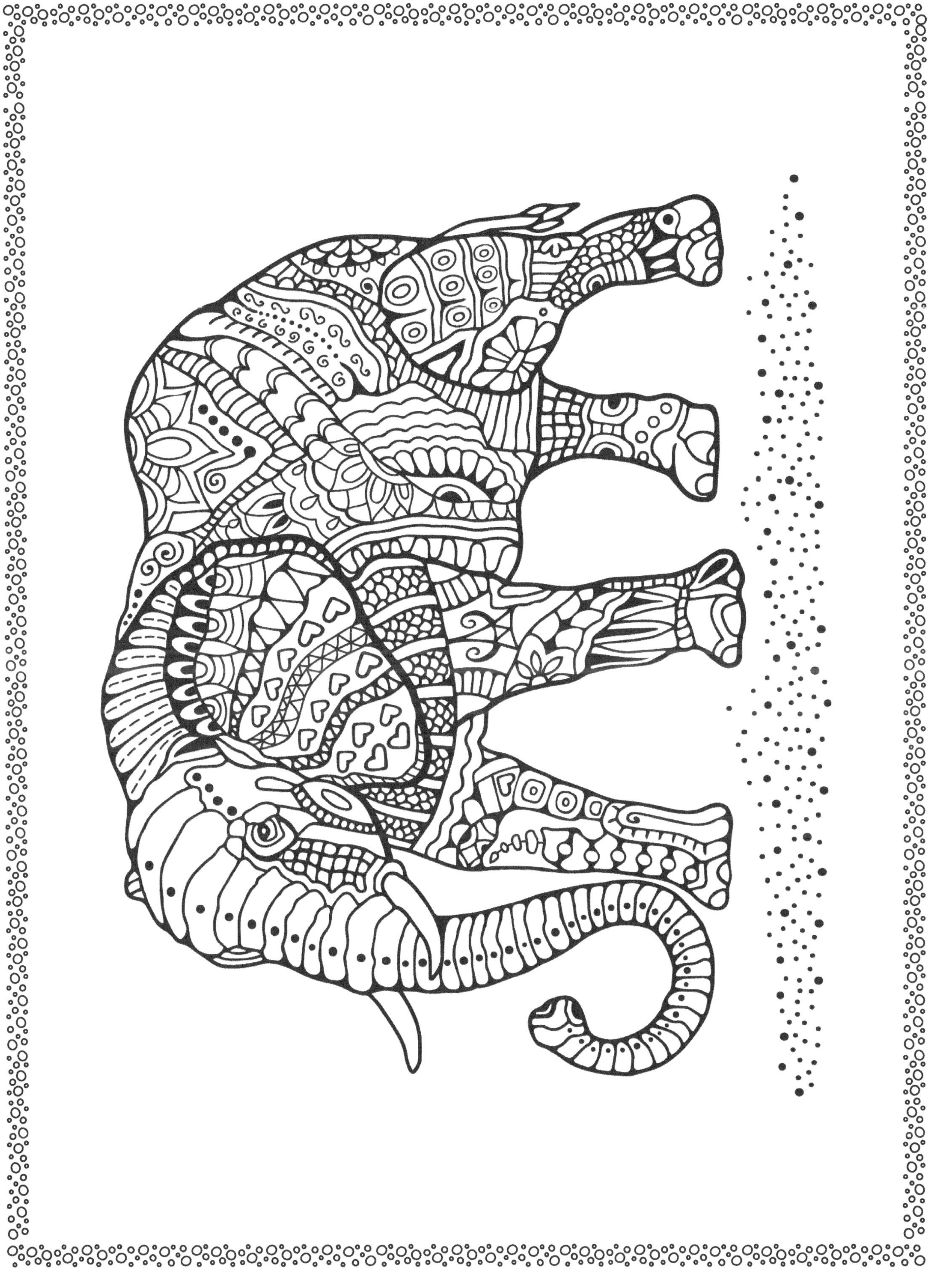

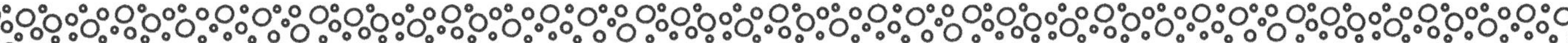

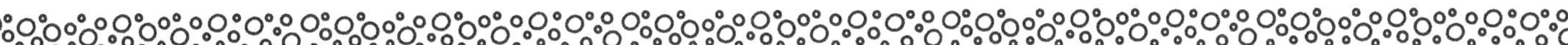

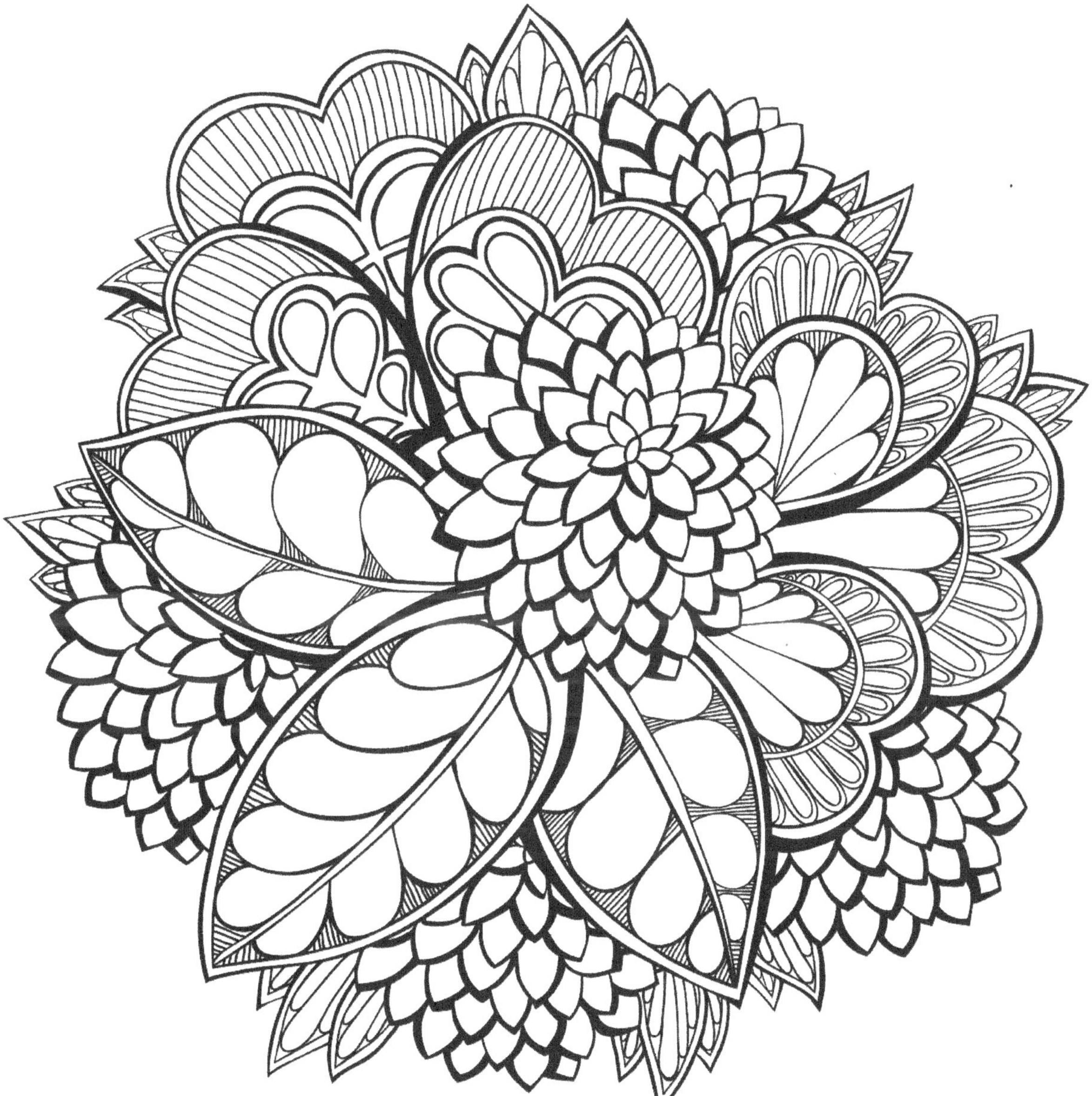

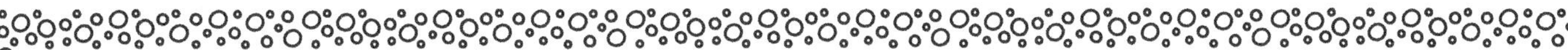

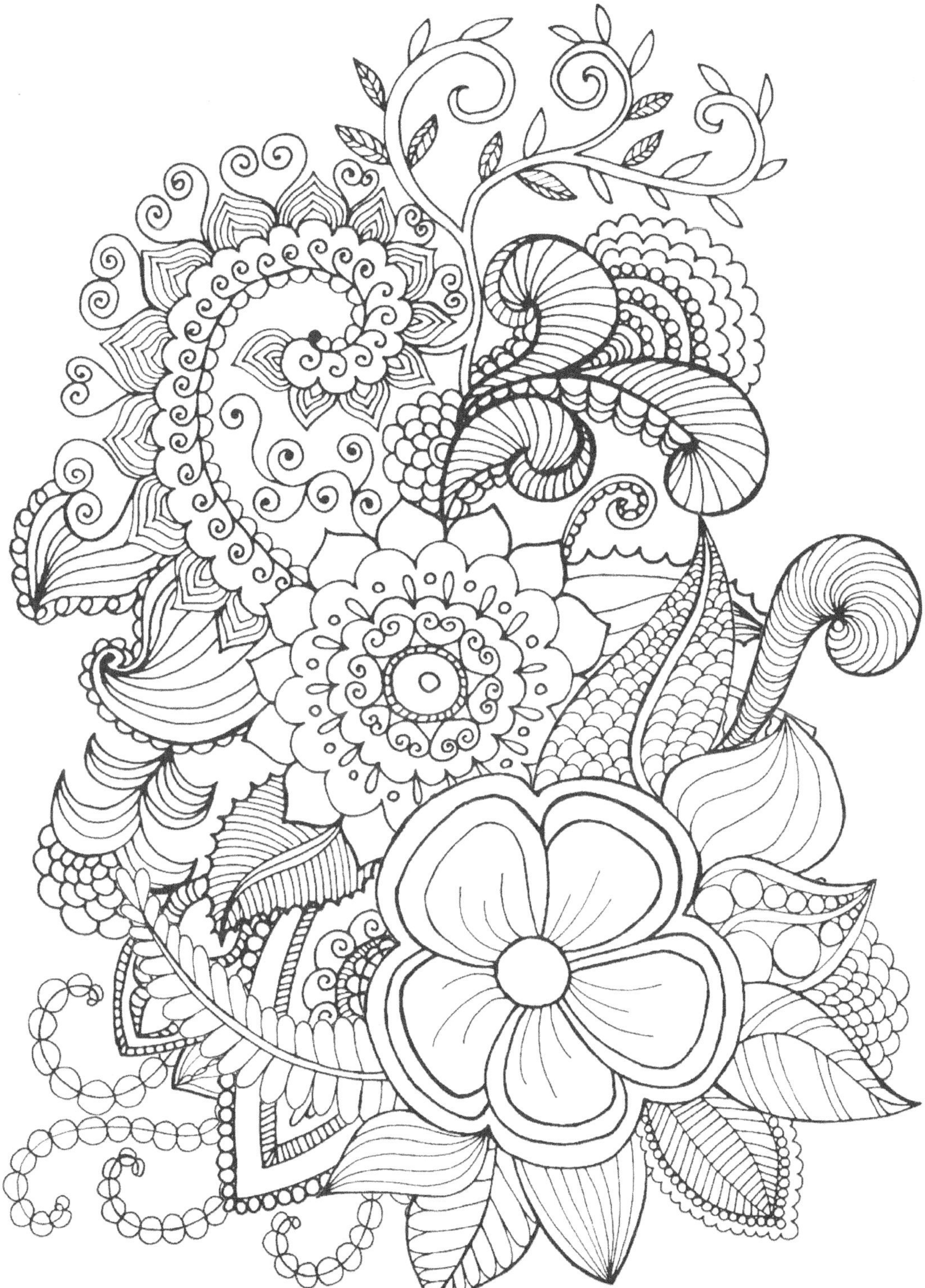

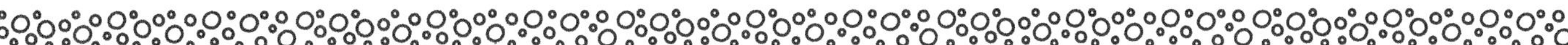

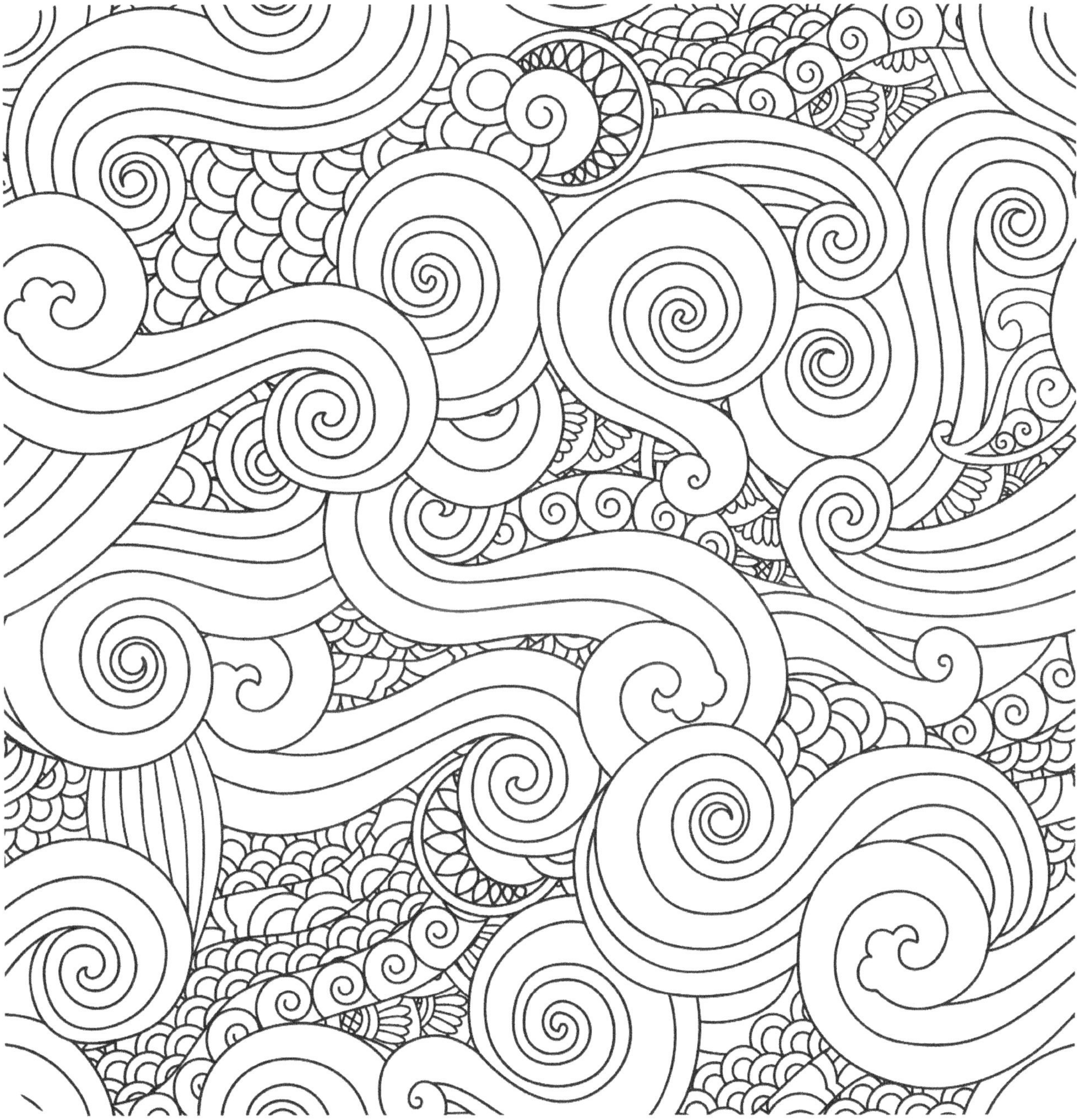

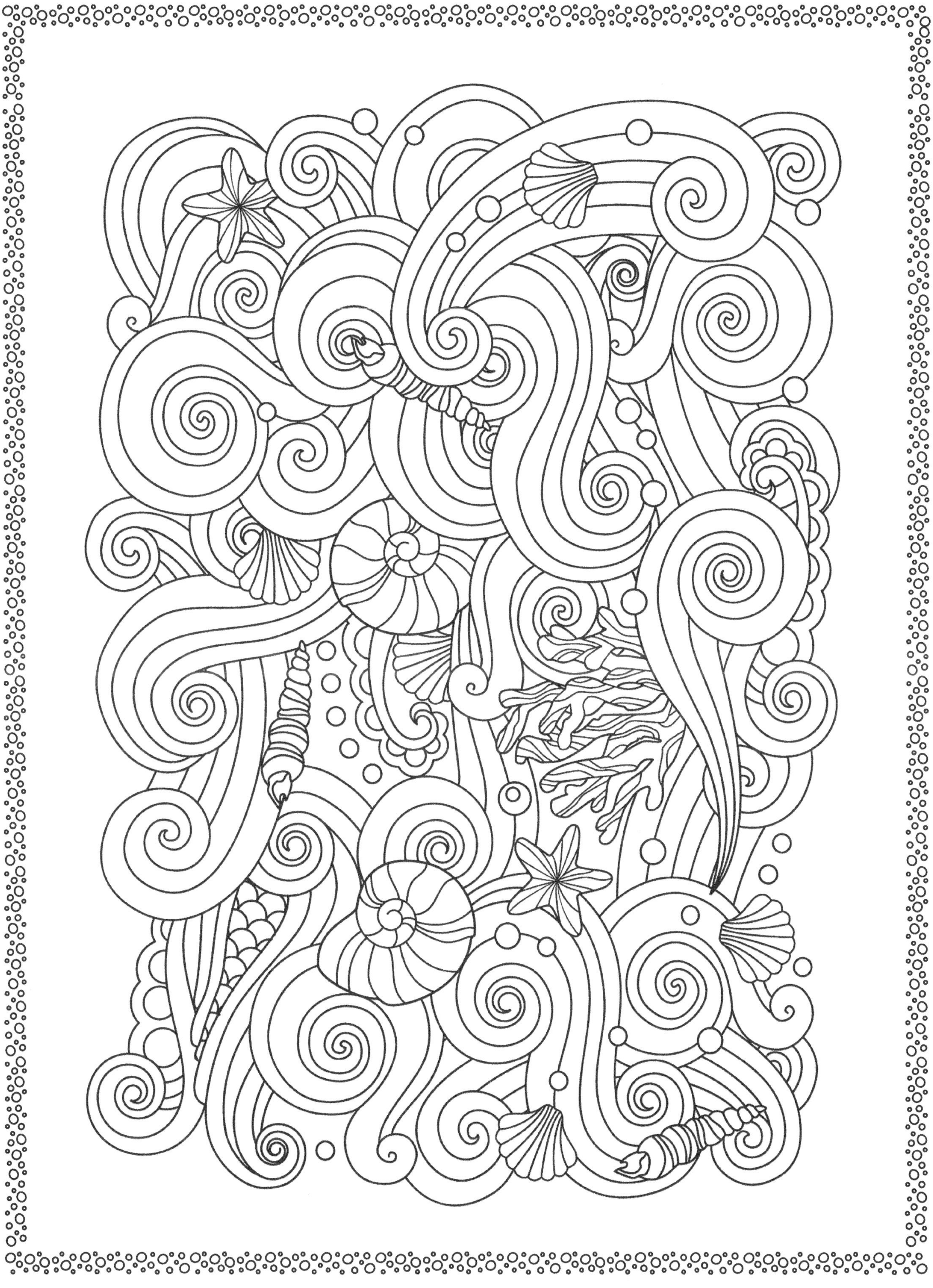

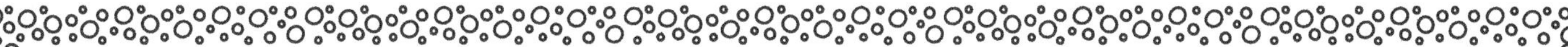

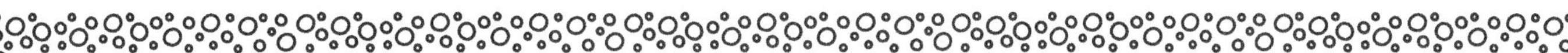

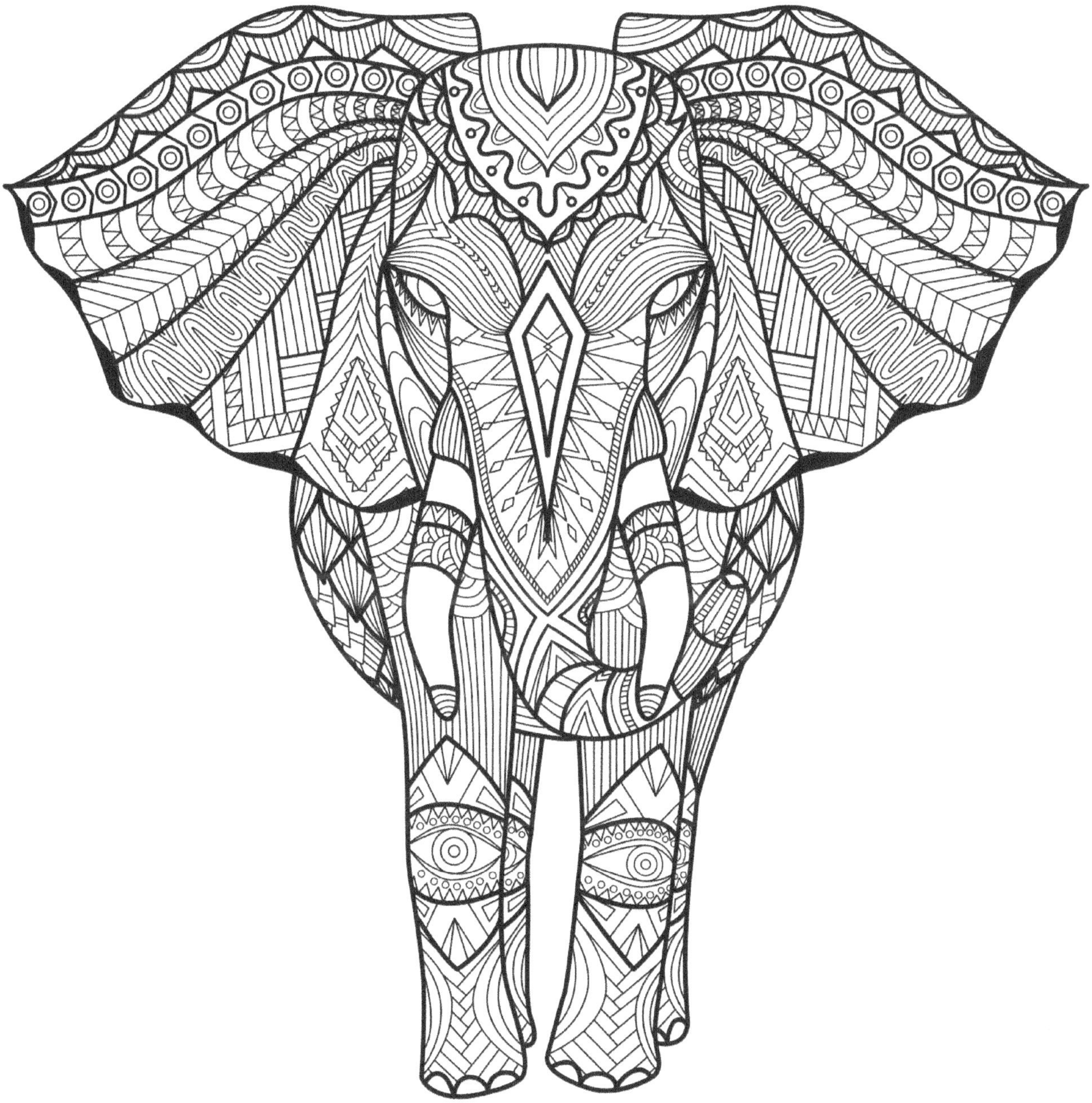

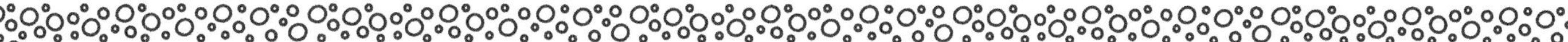
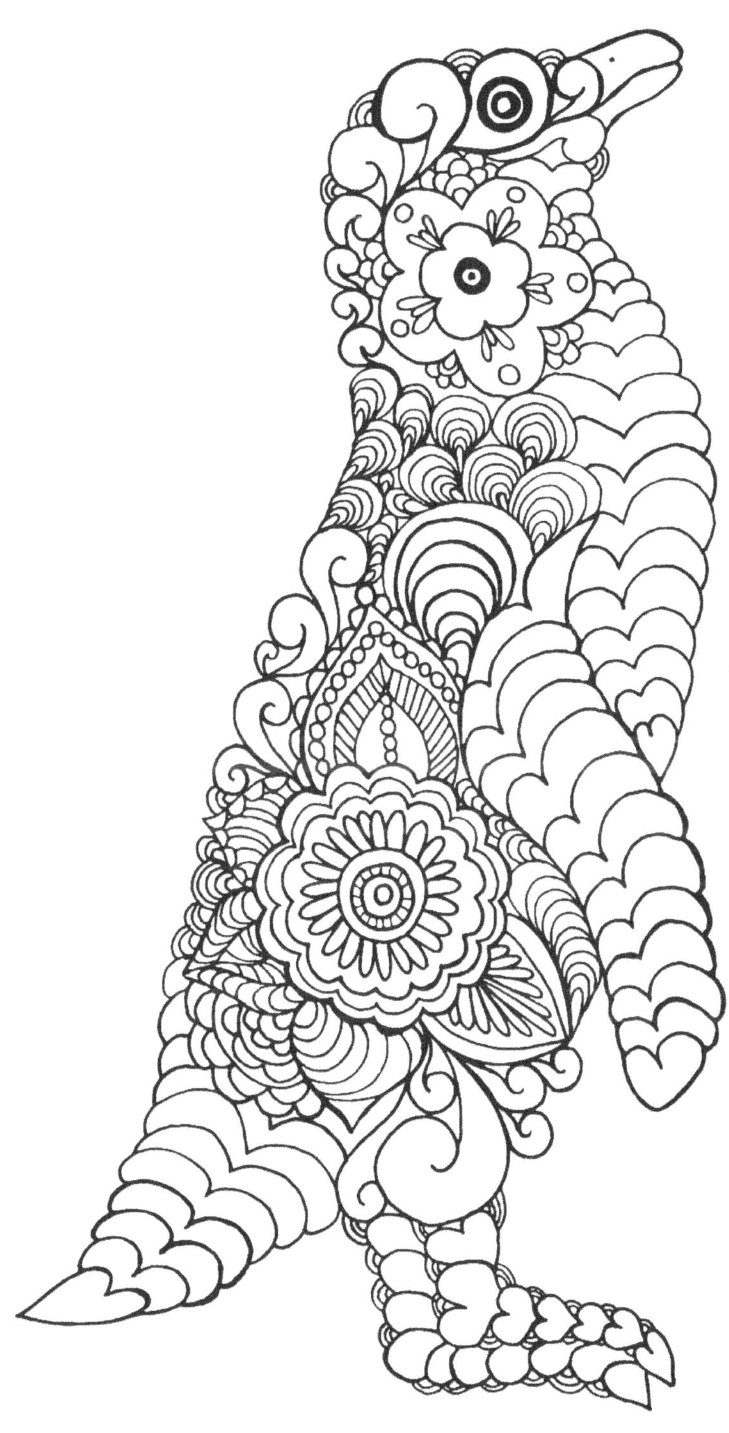

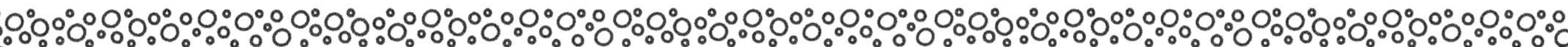

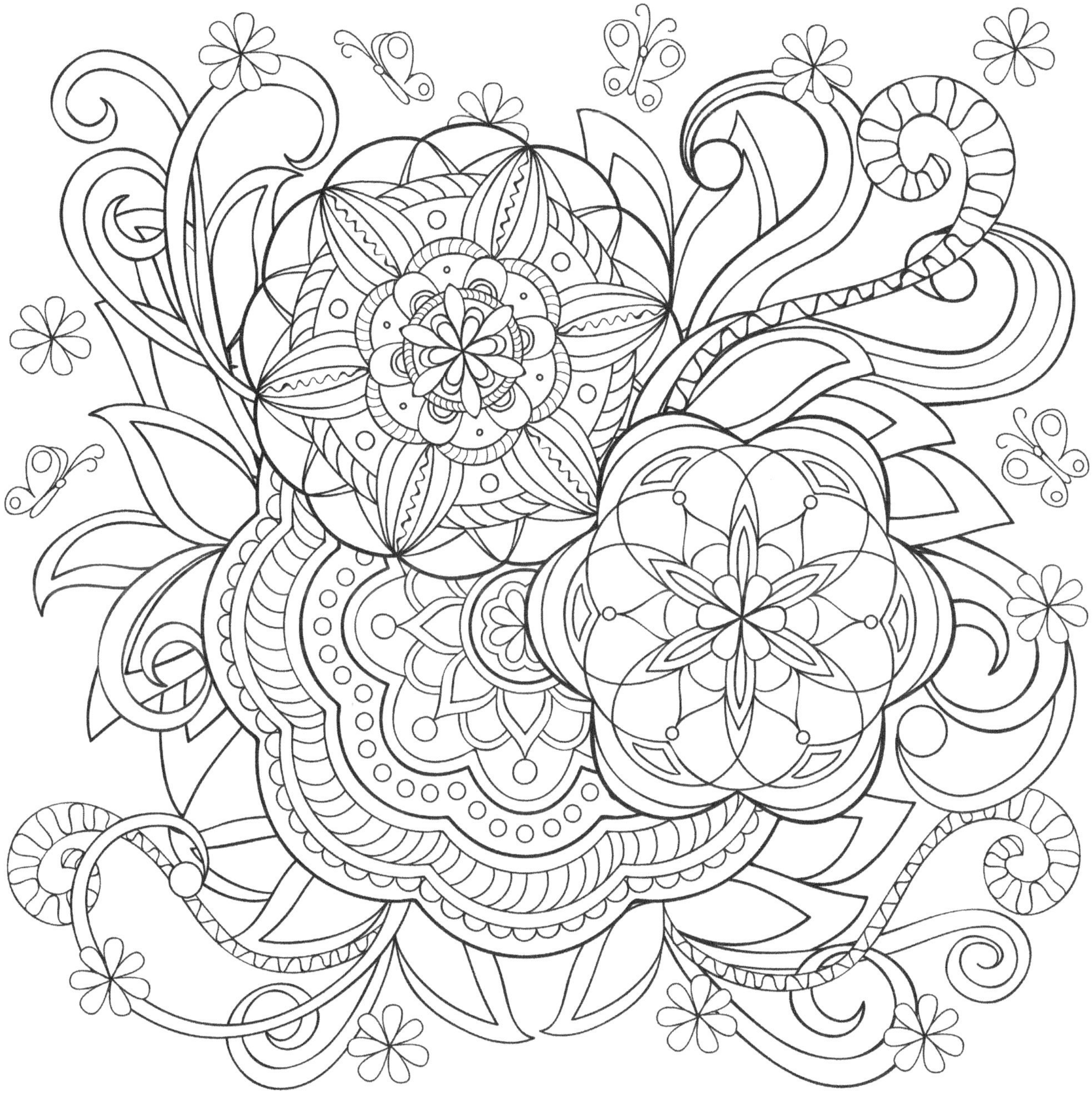

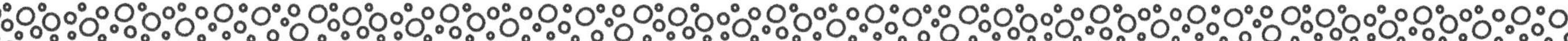

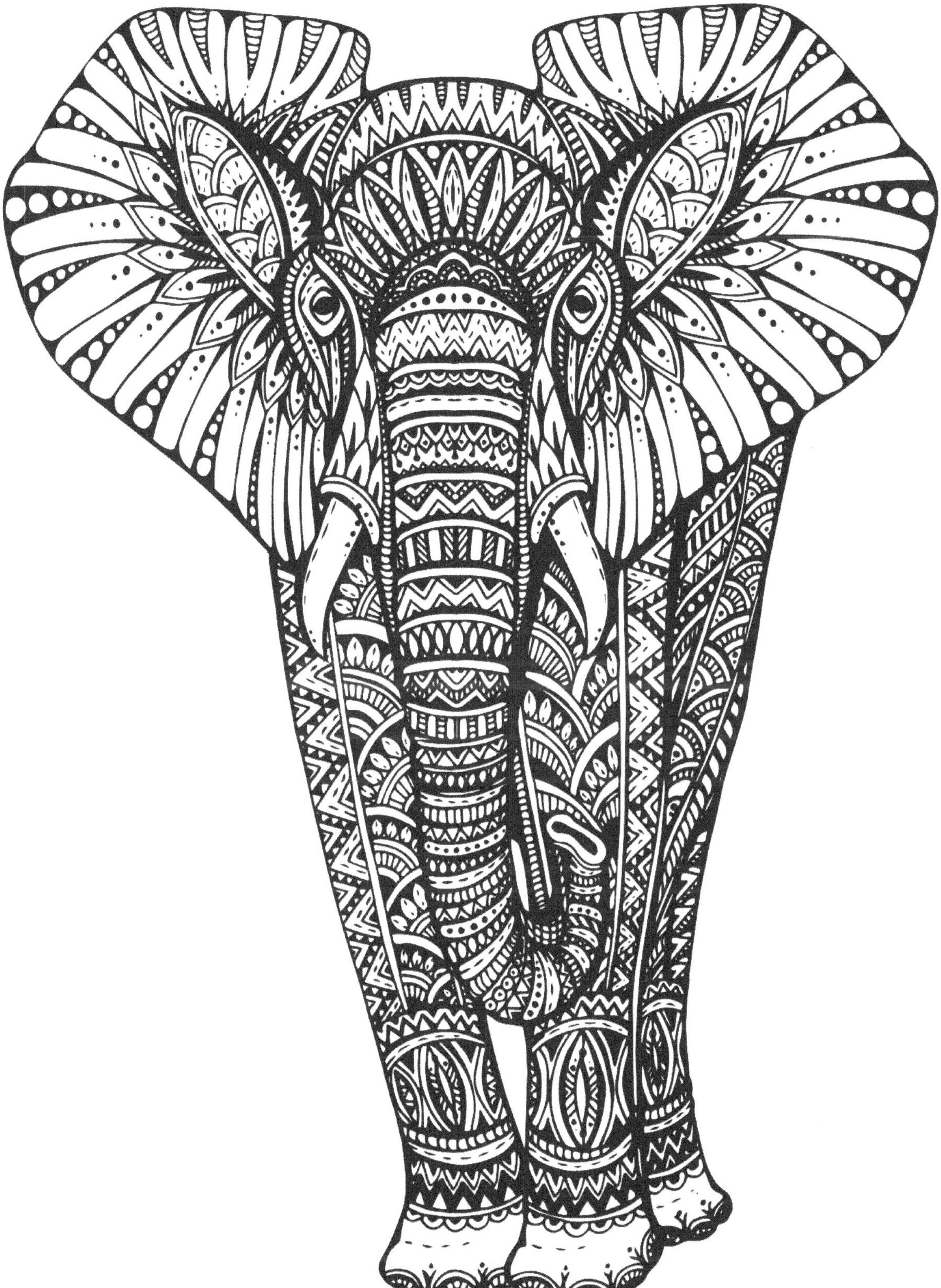

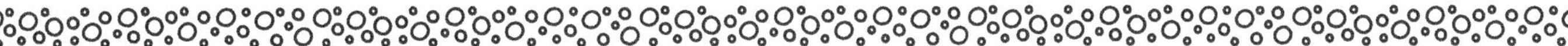

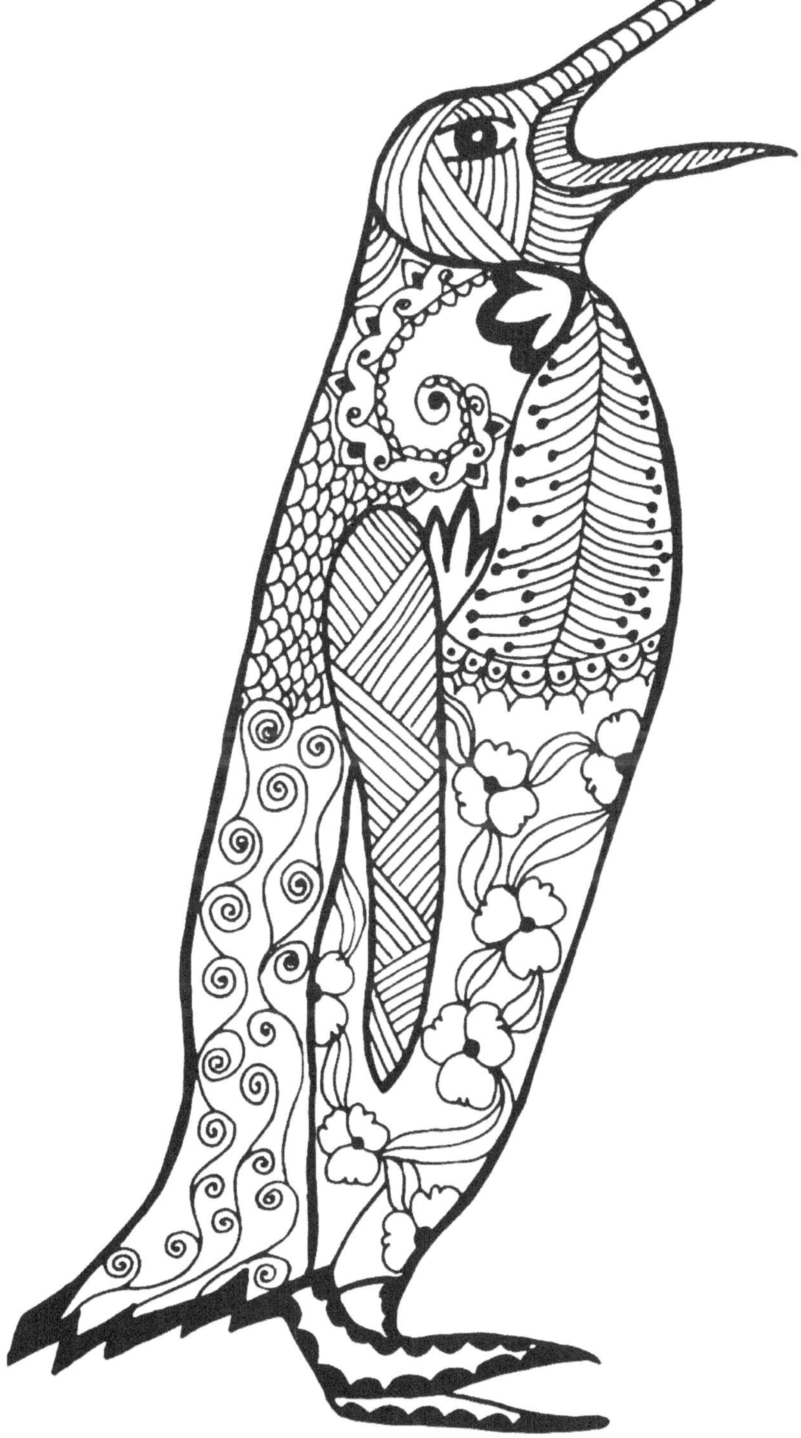

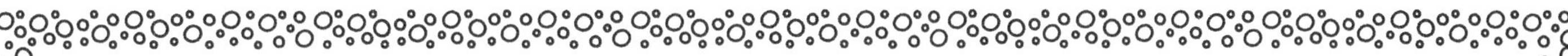

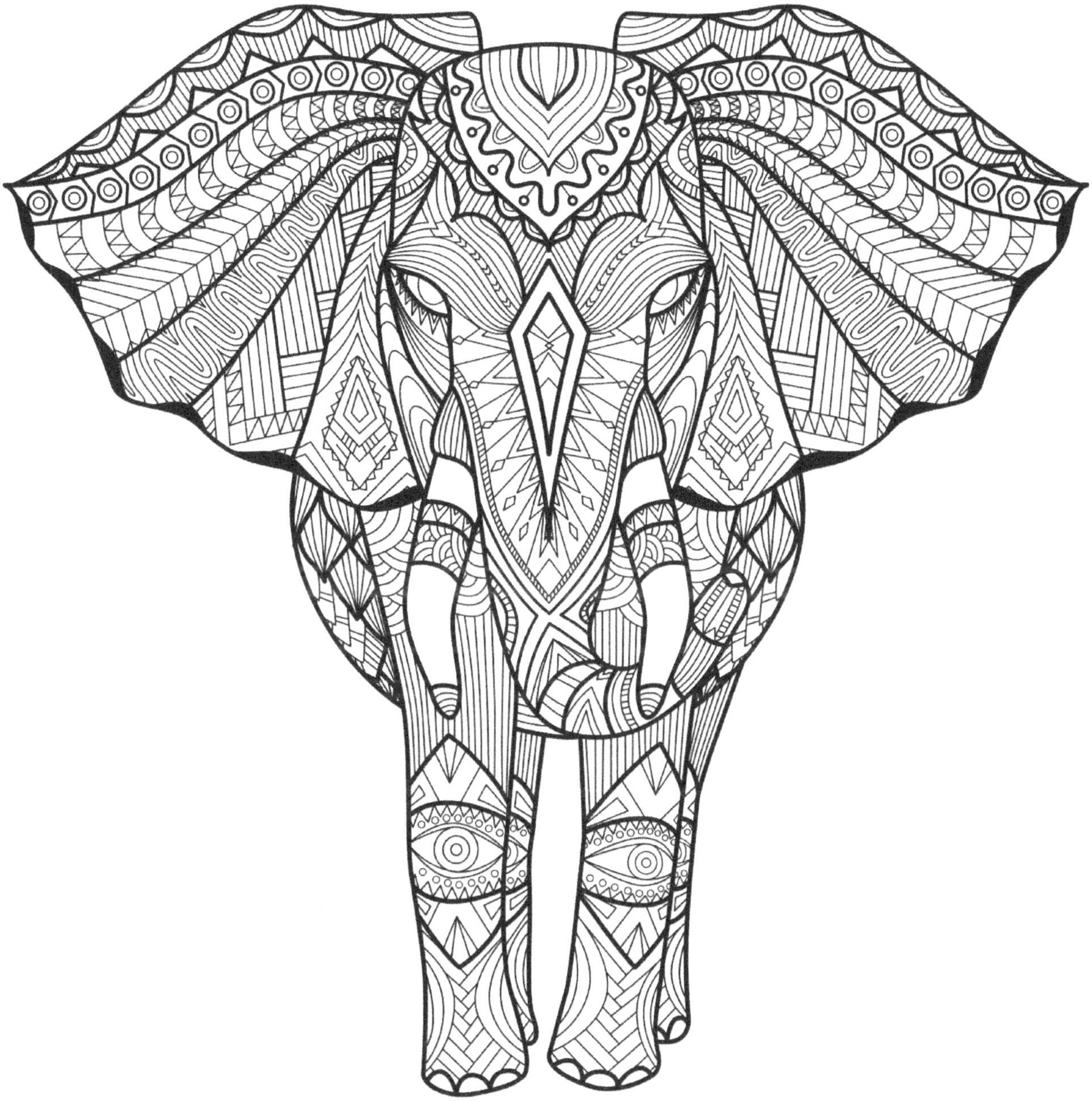

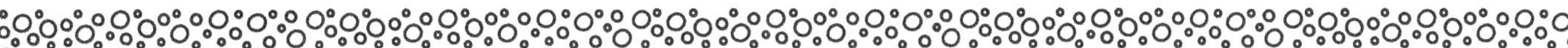

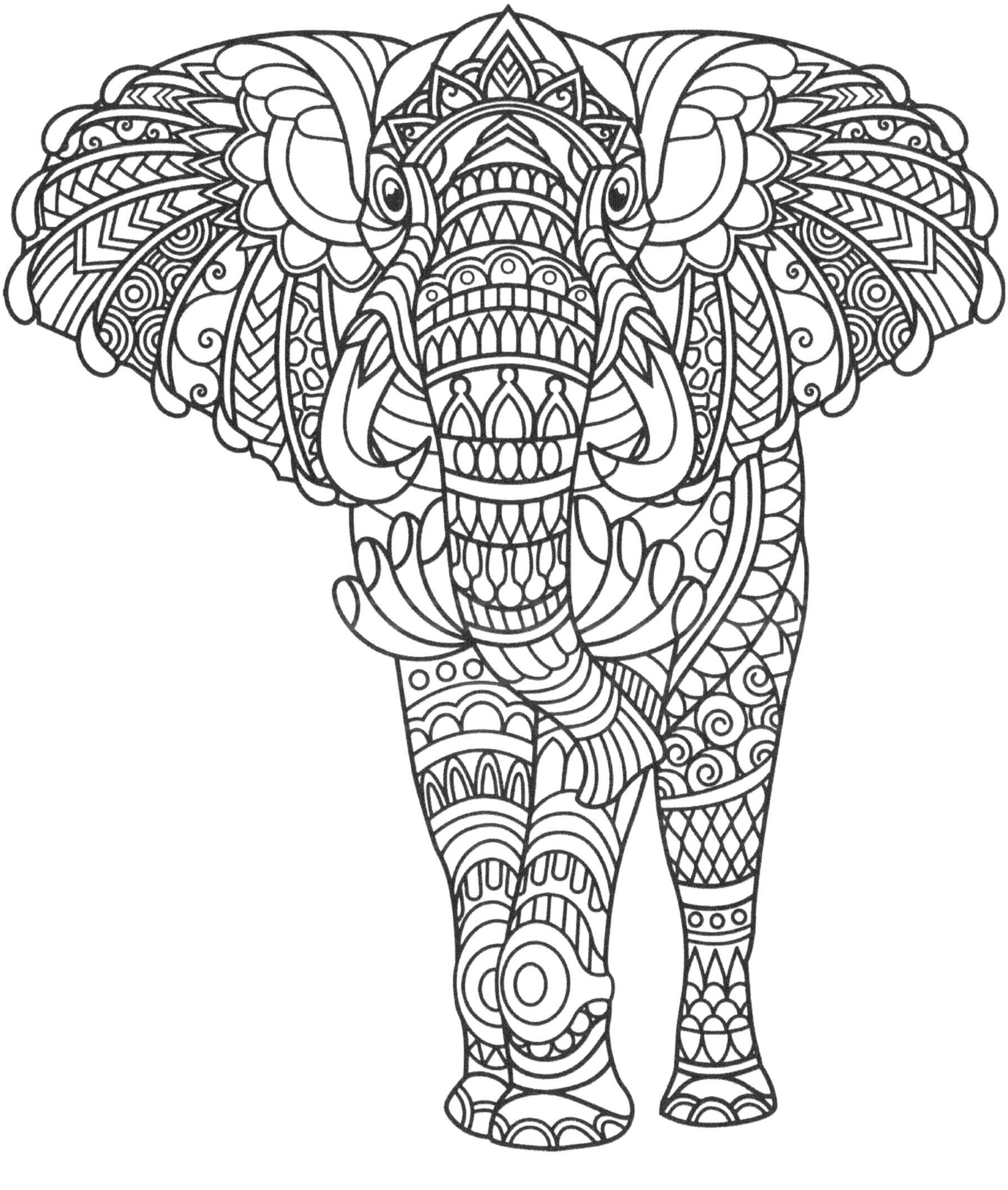

Questo è un sanguinare attraverso pagina se si utilizza un colorante indicatore o una penna!

Trovare altri grandi titoli di ricerca per disegni da Colorare Bandit su Il tuo libro preferito rivenditore

Amazon.Ca | Barnes & Noble (BN.Com) | Libri 1 Milione (BAM.Com)

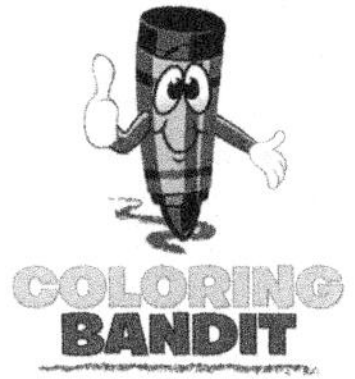

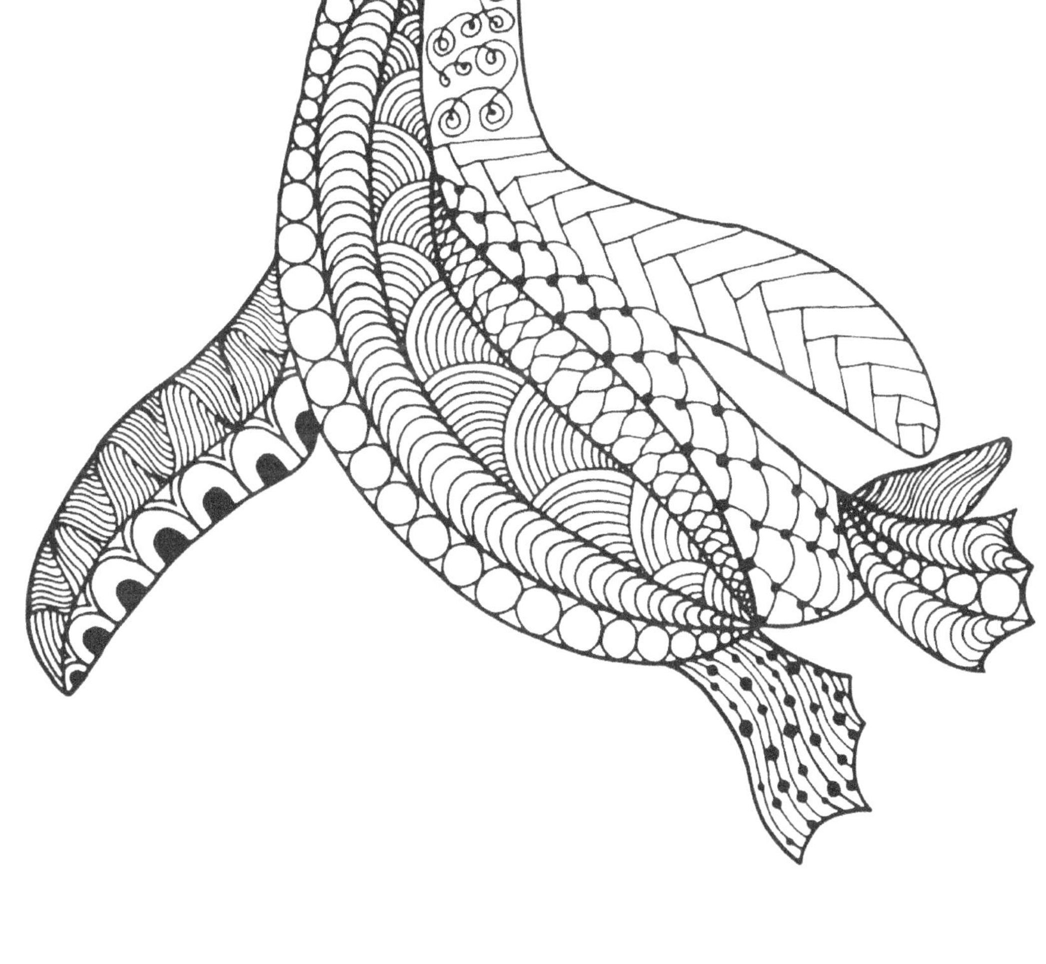

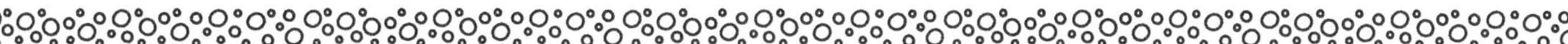

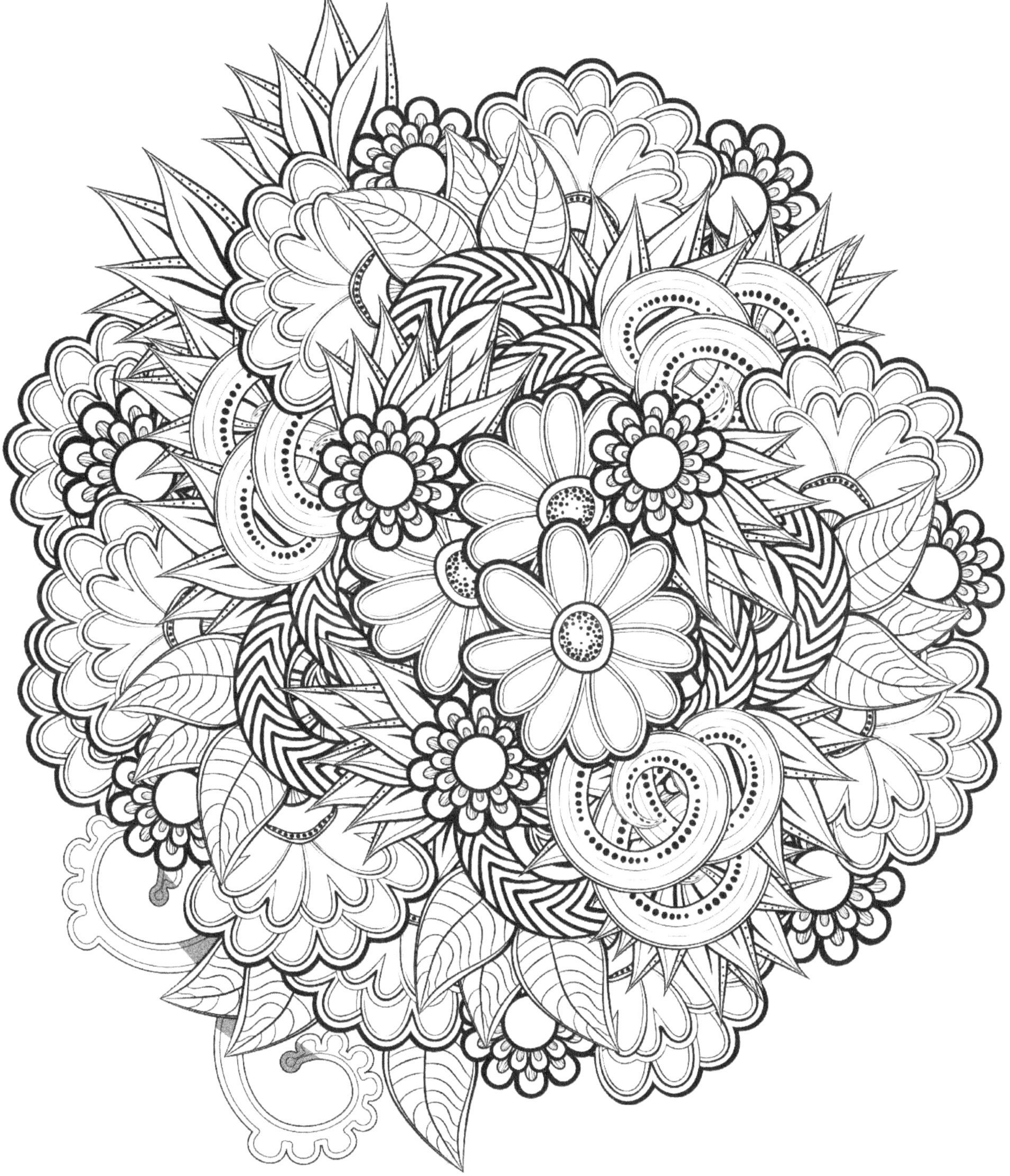

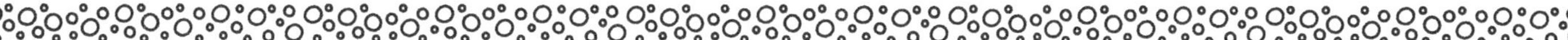

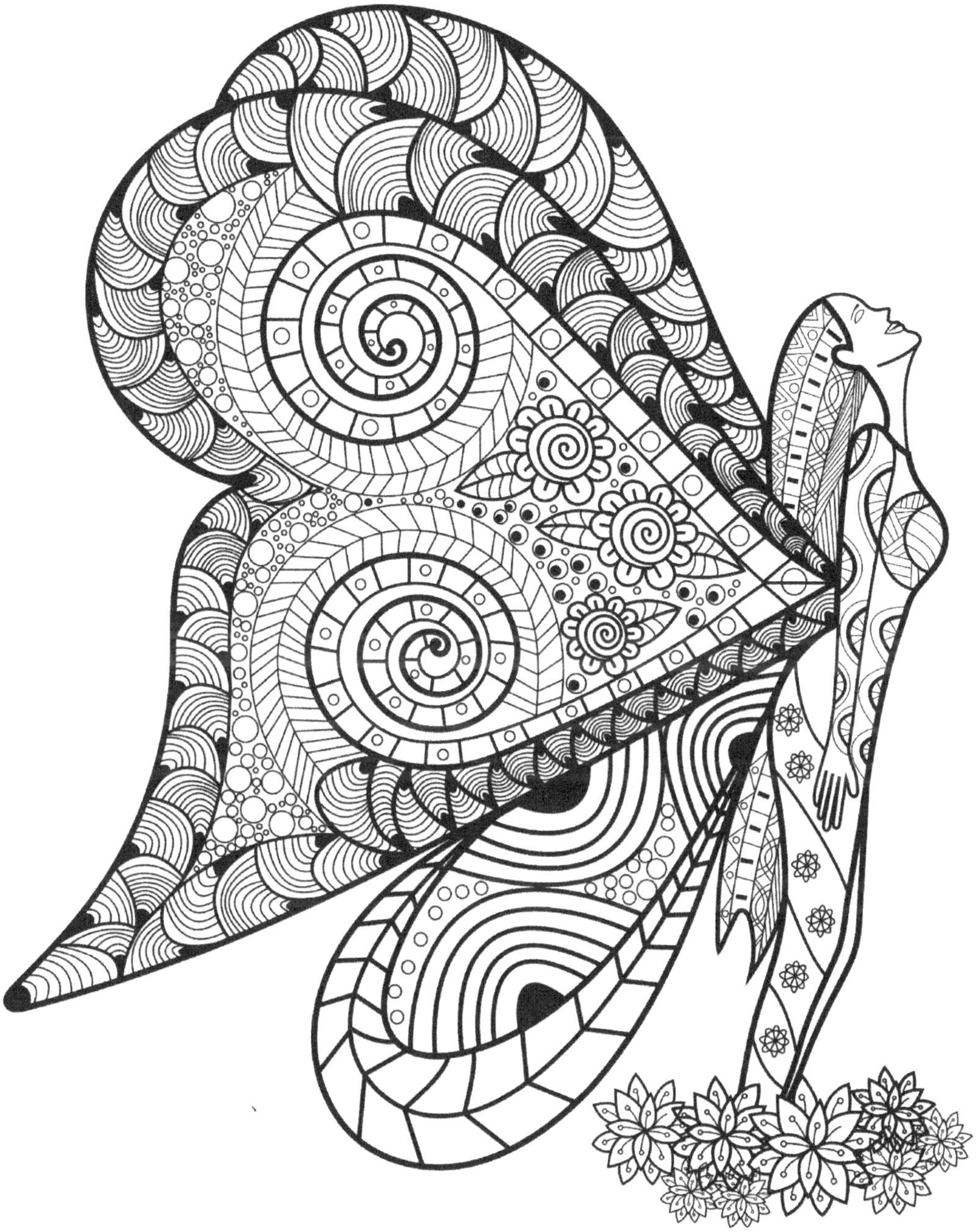

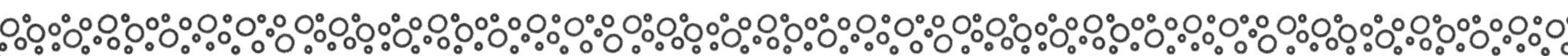

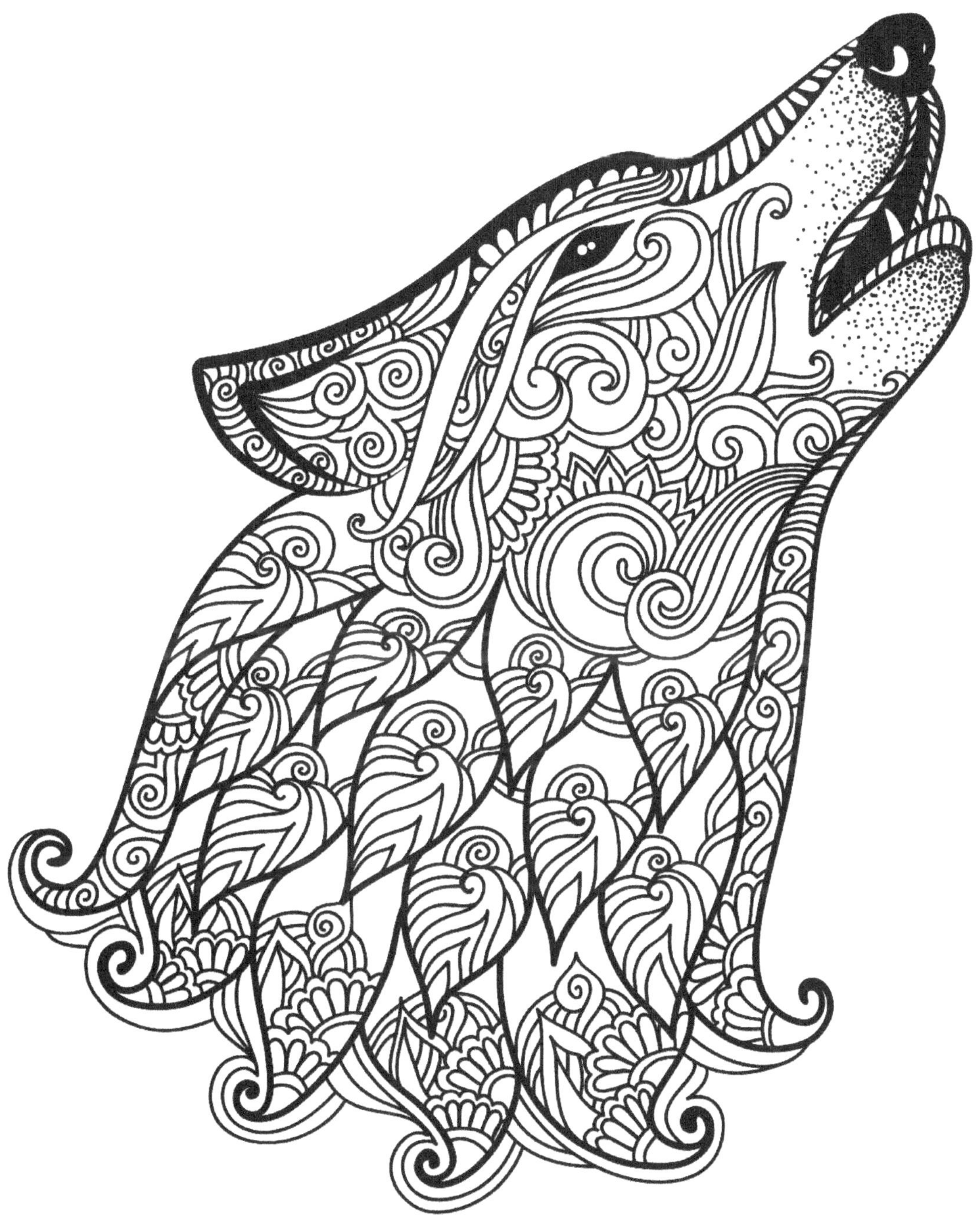

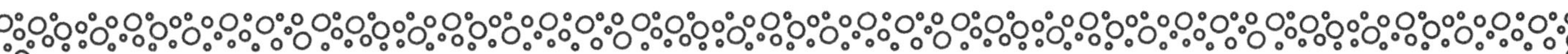

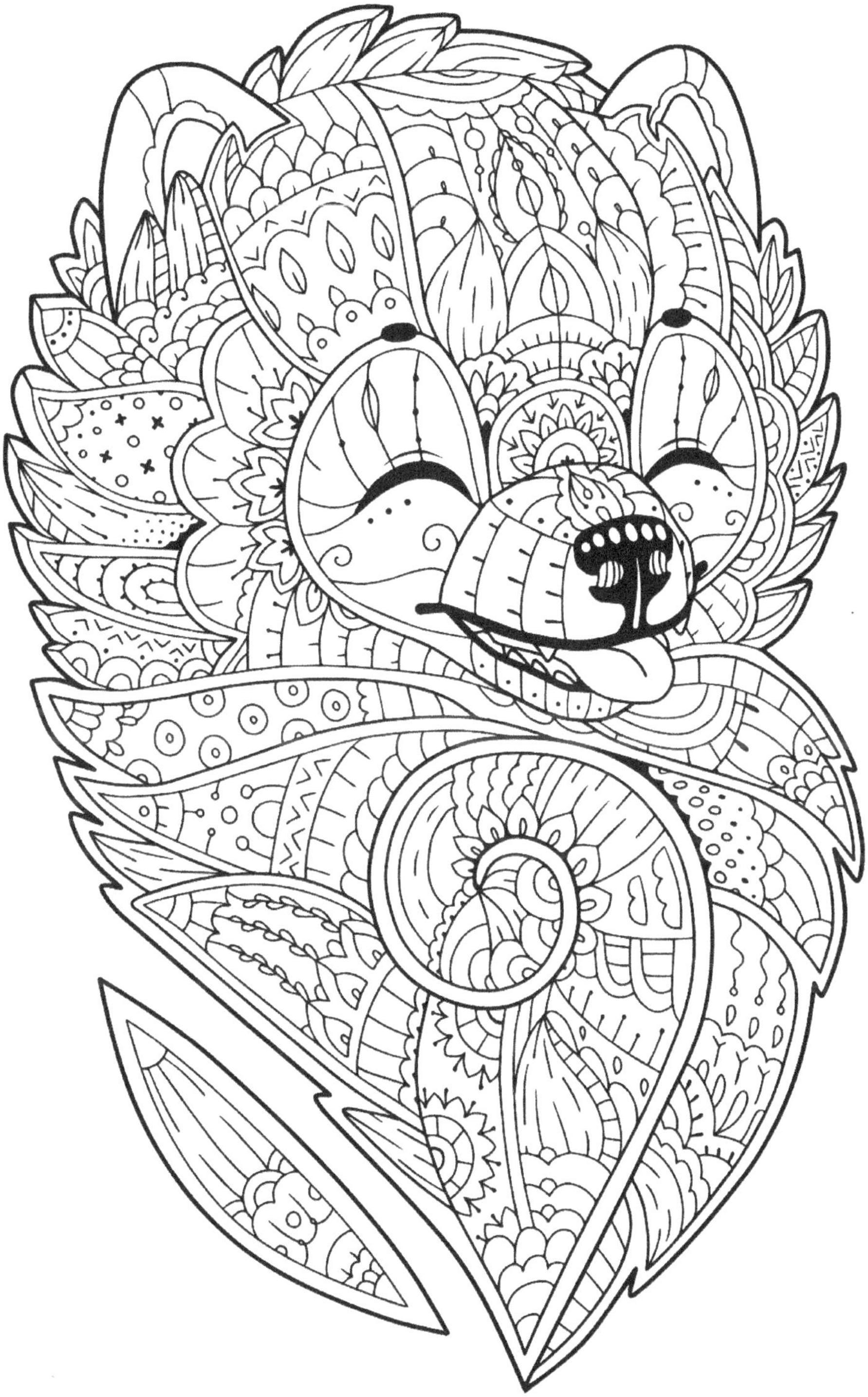

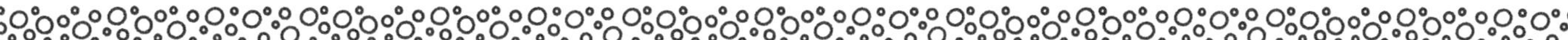

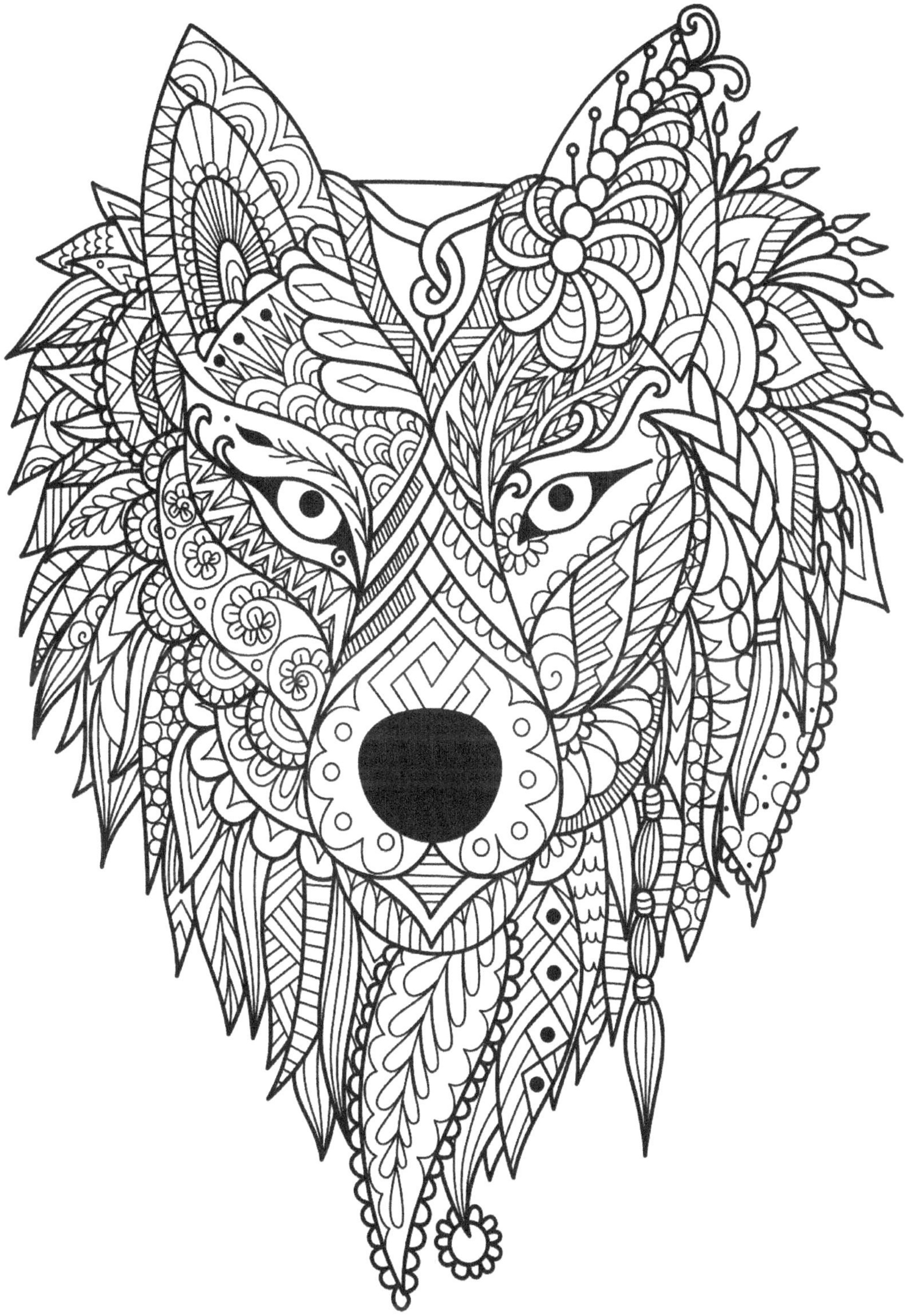

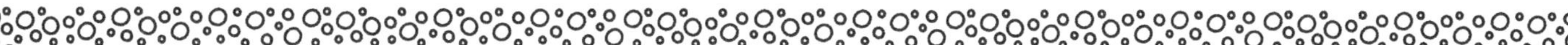

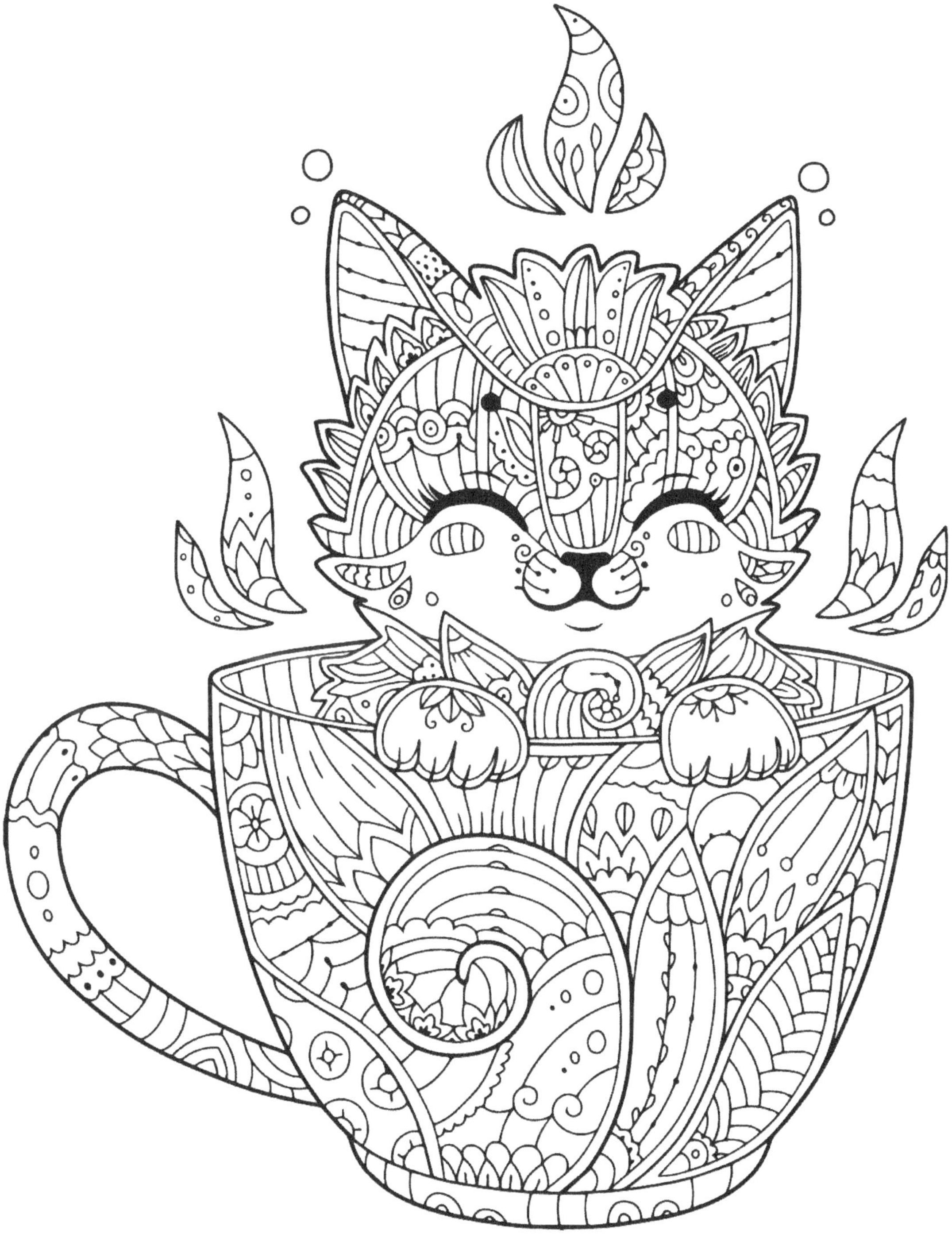

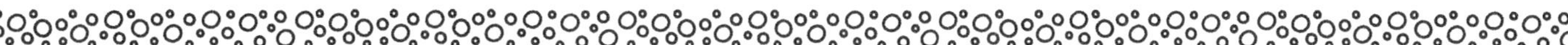
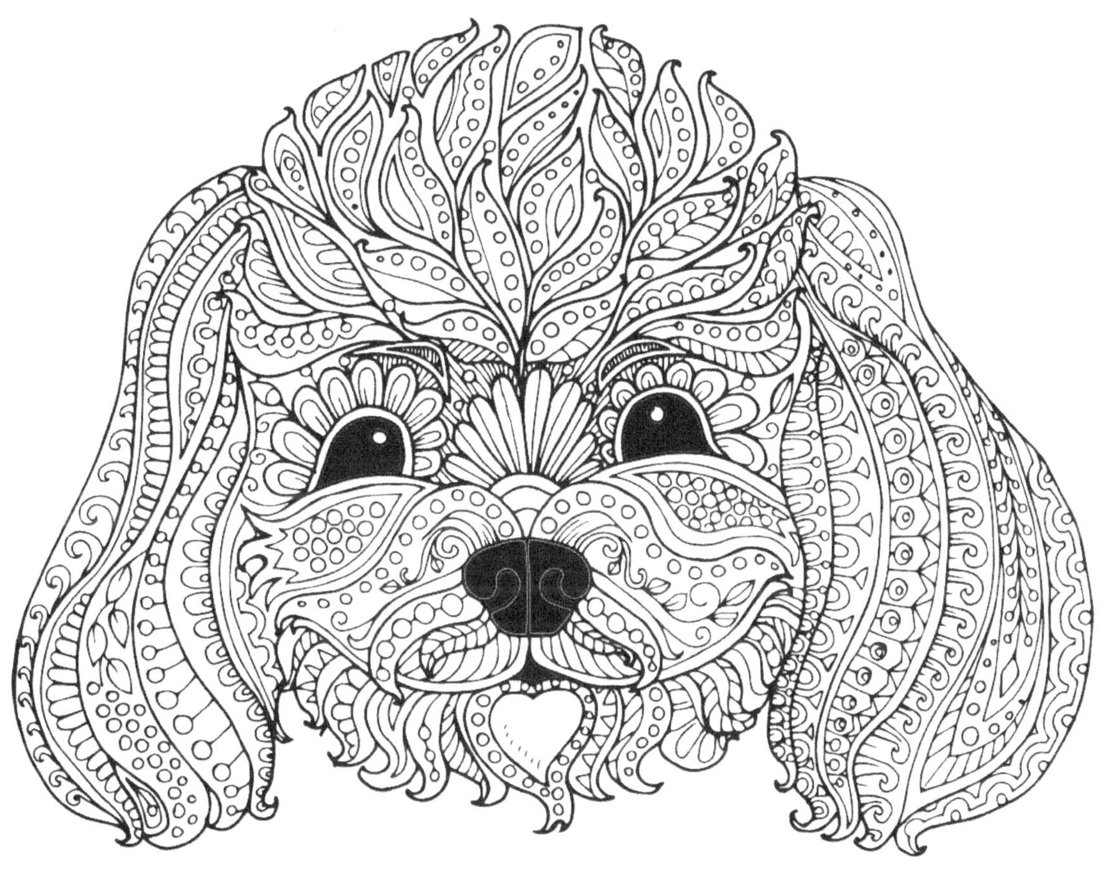

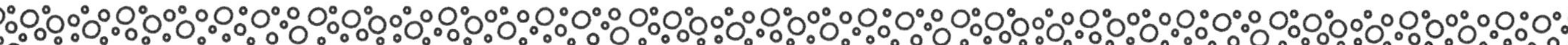

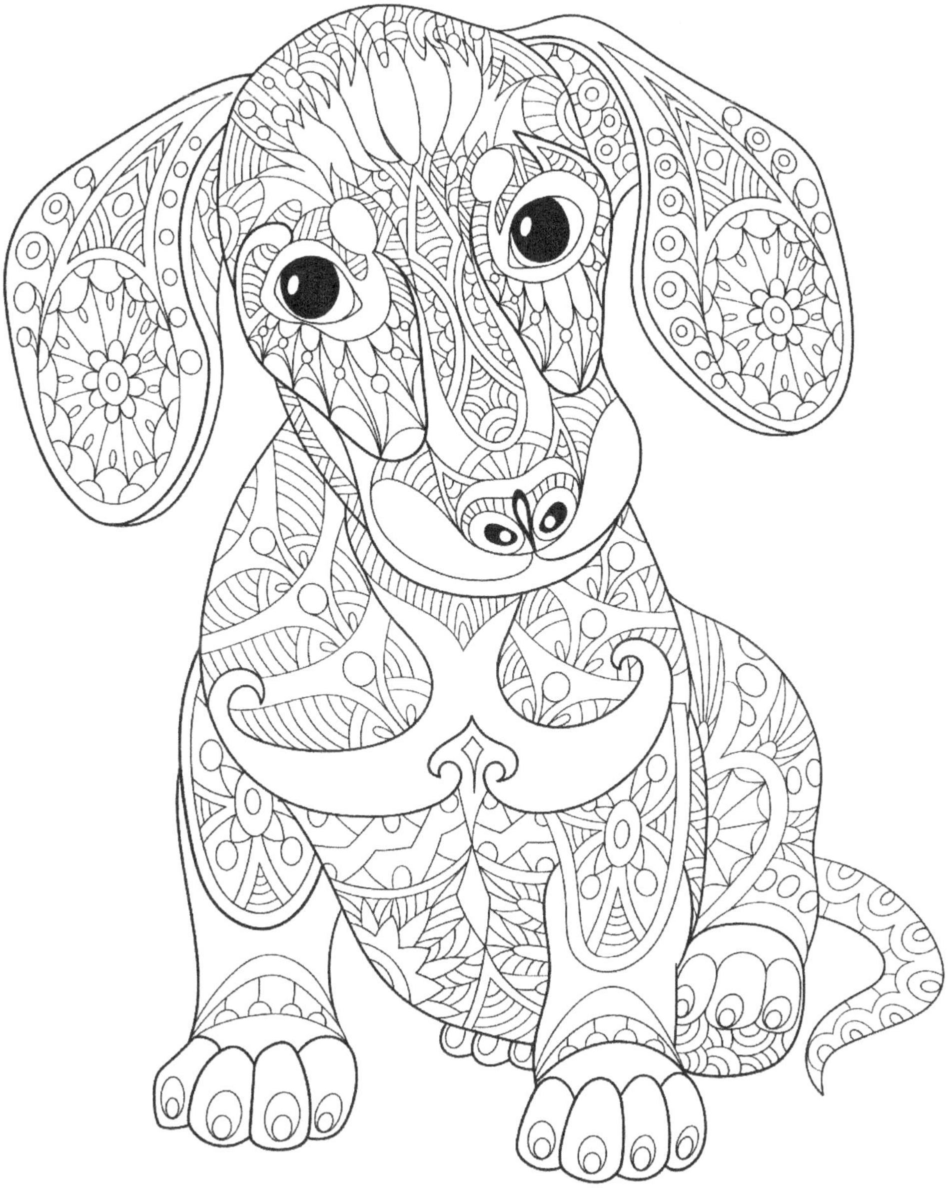

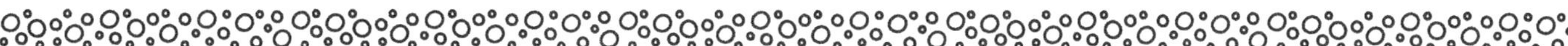

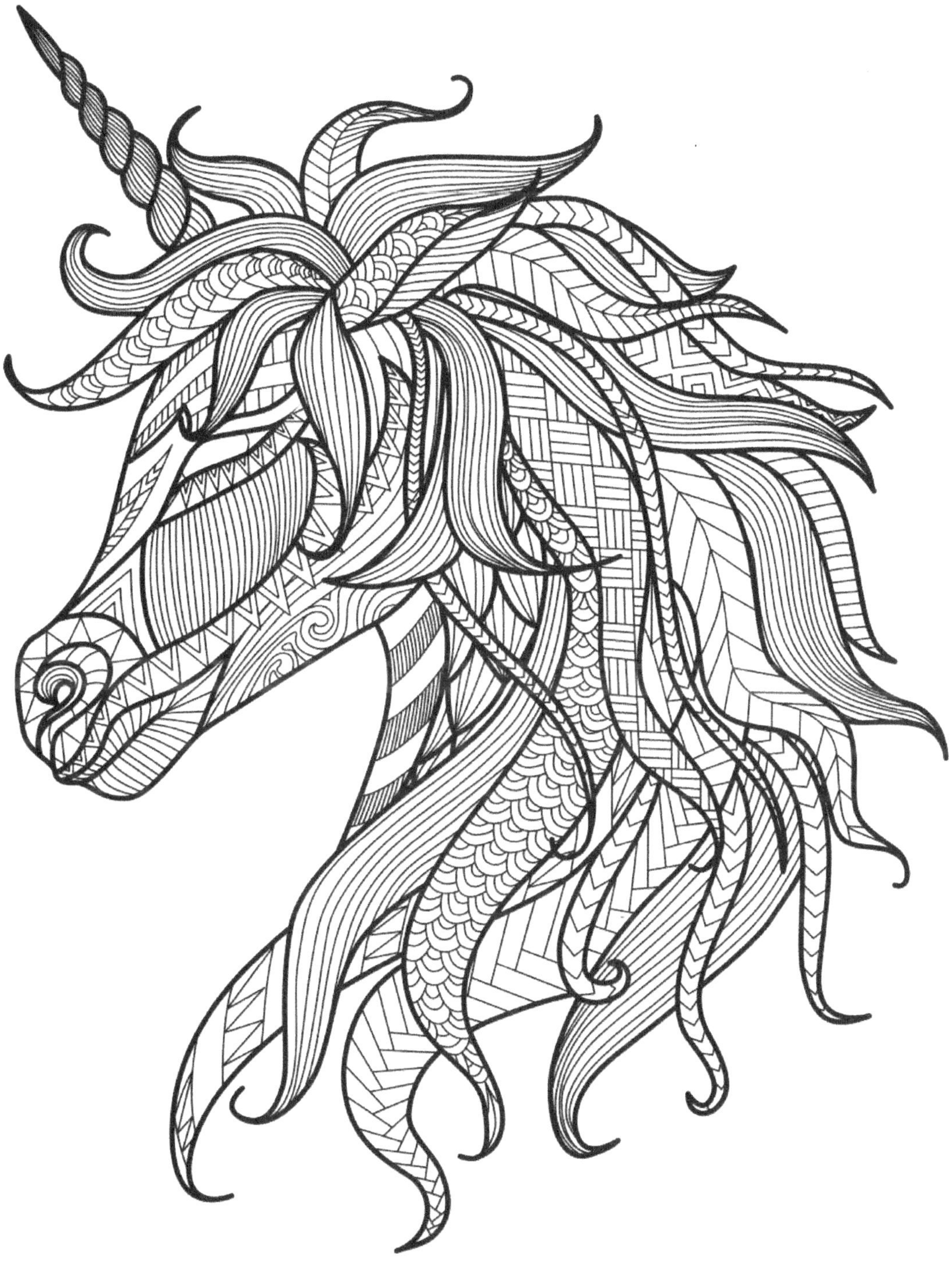

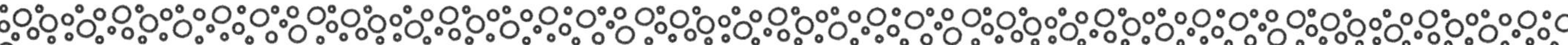

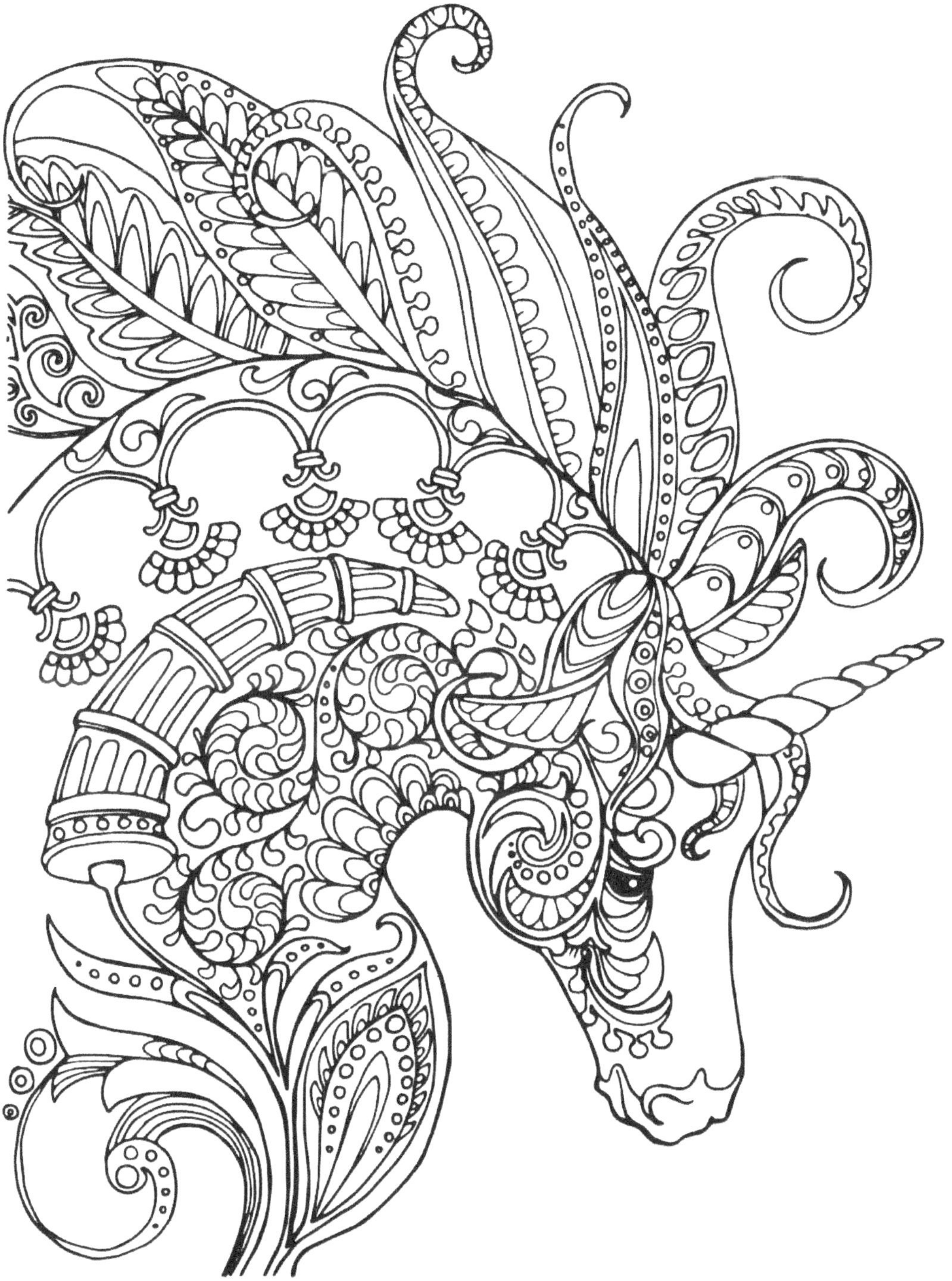

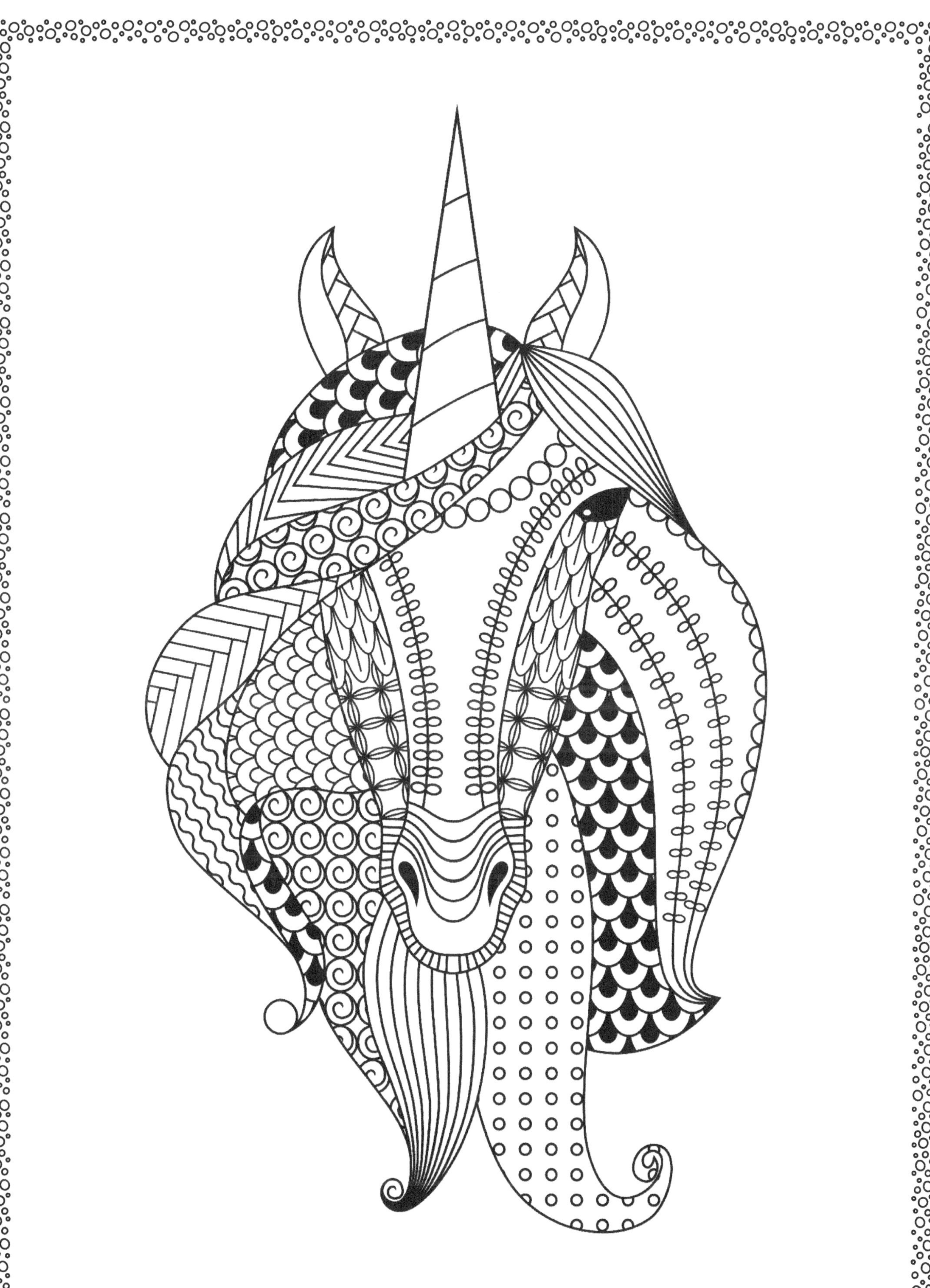

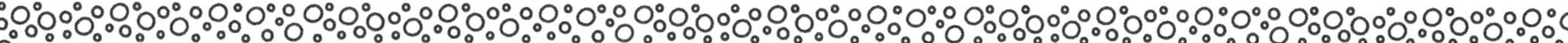

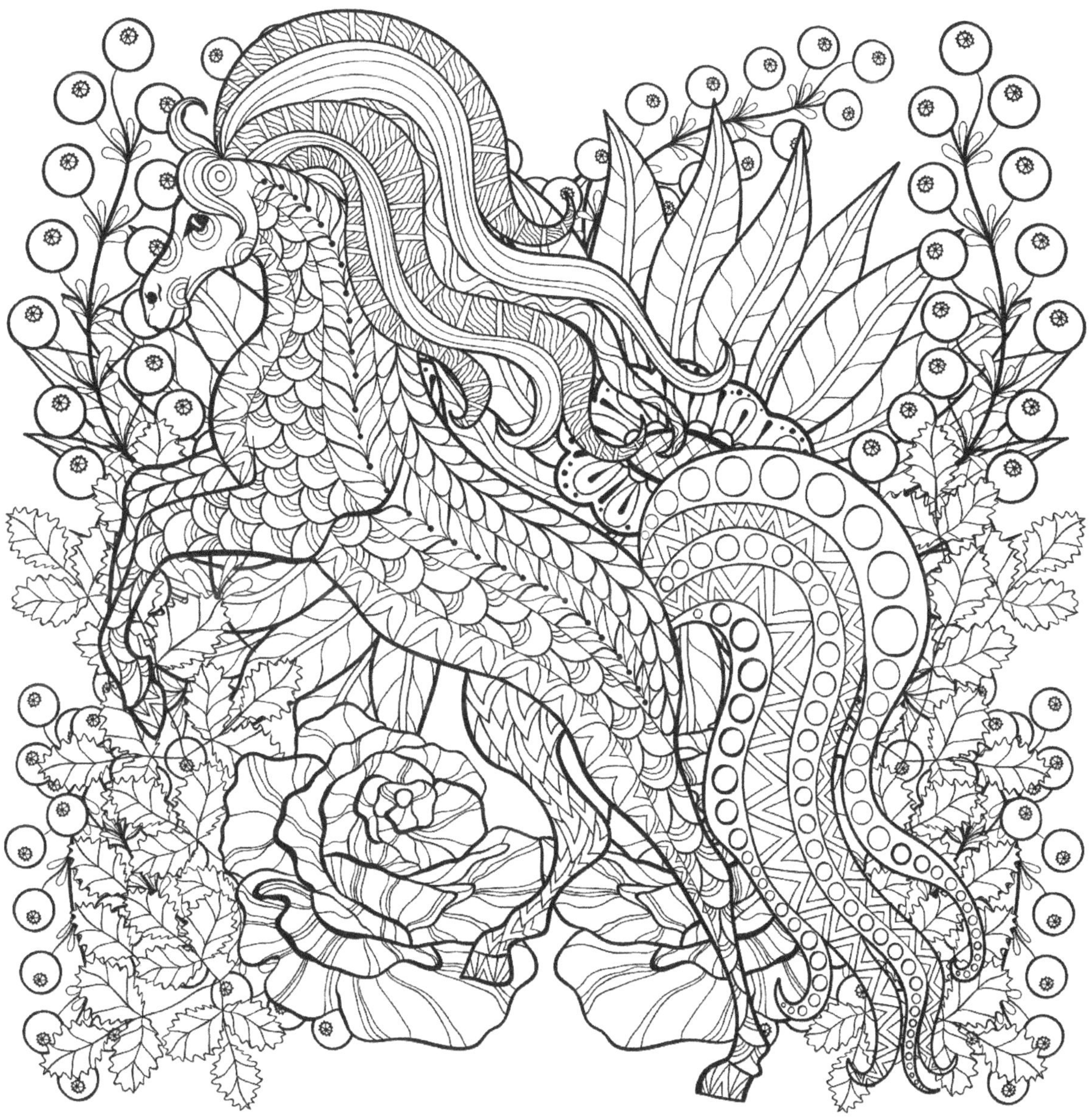

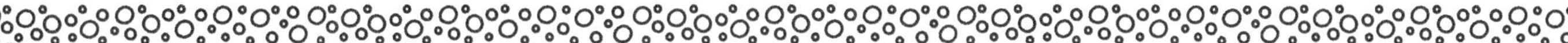

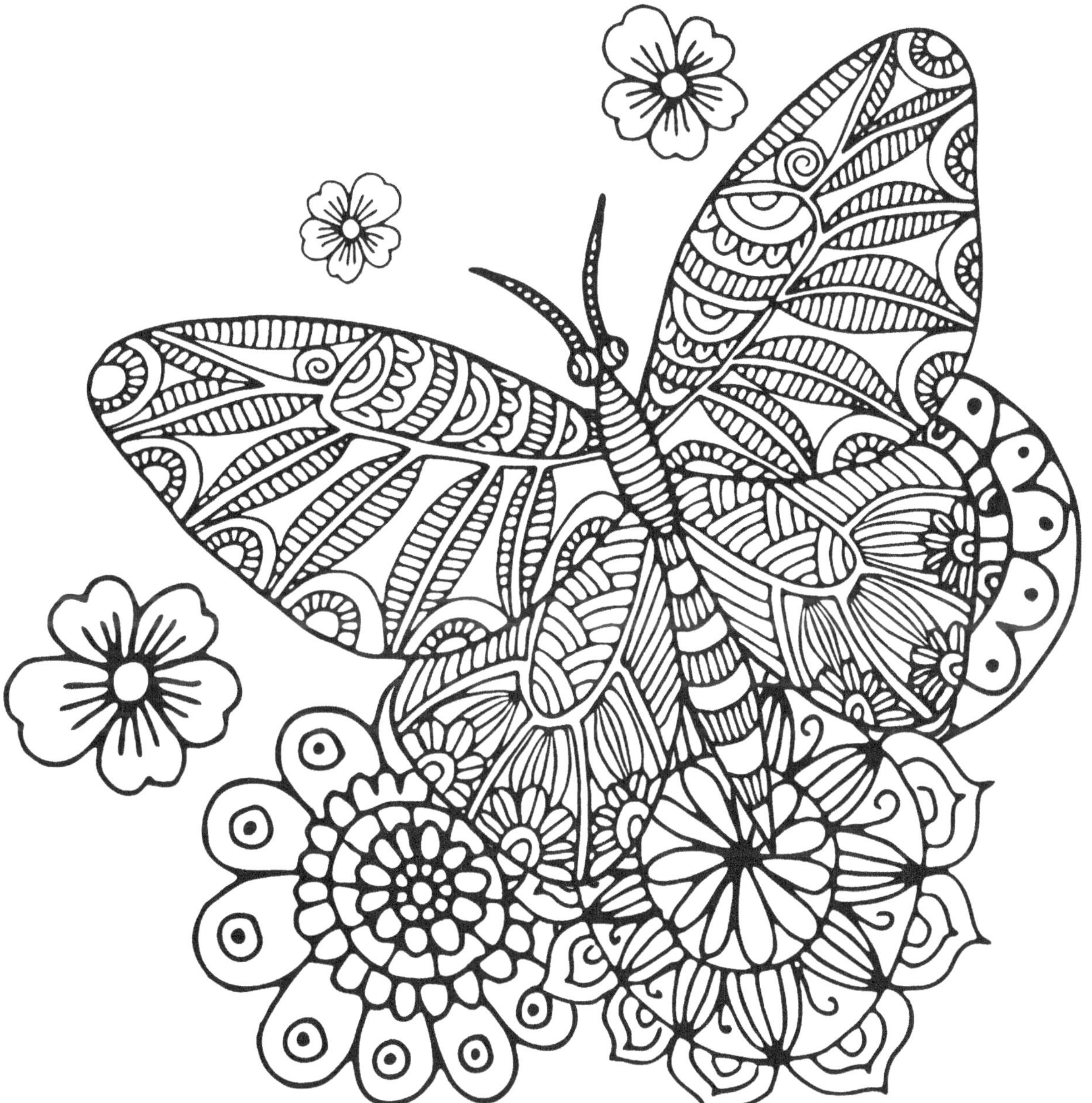

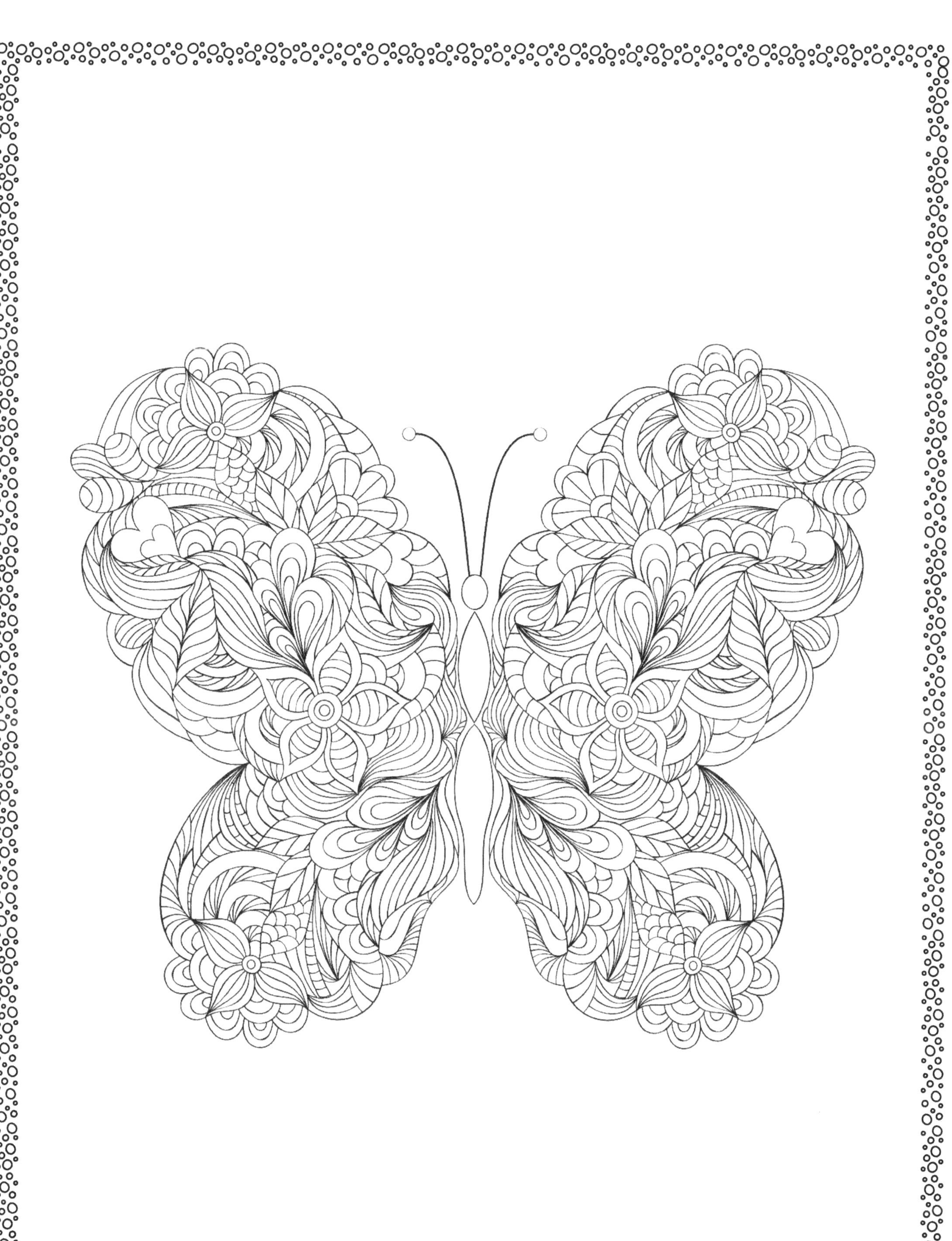

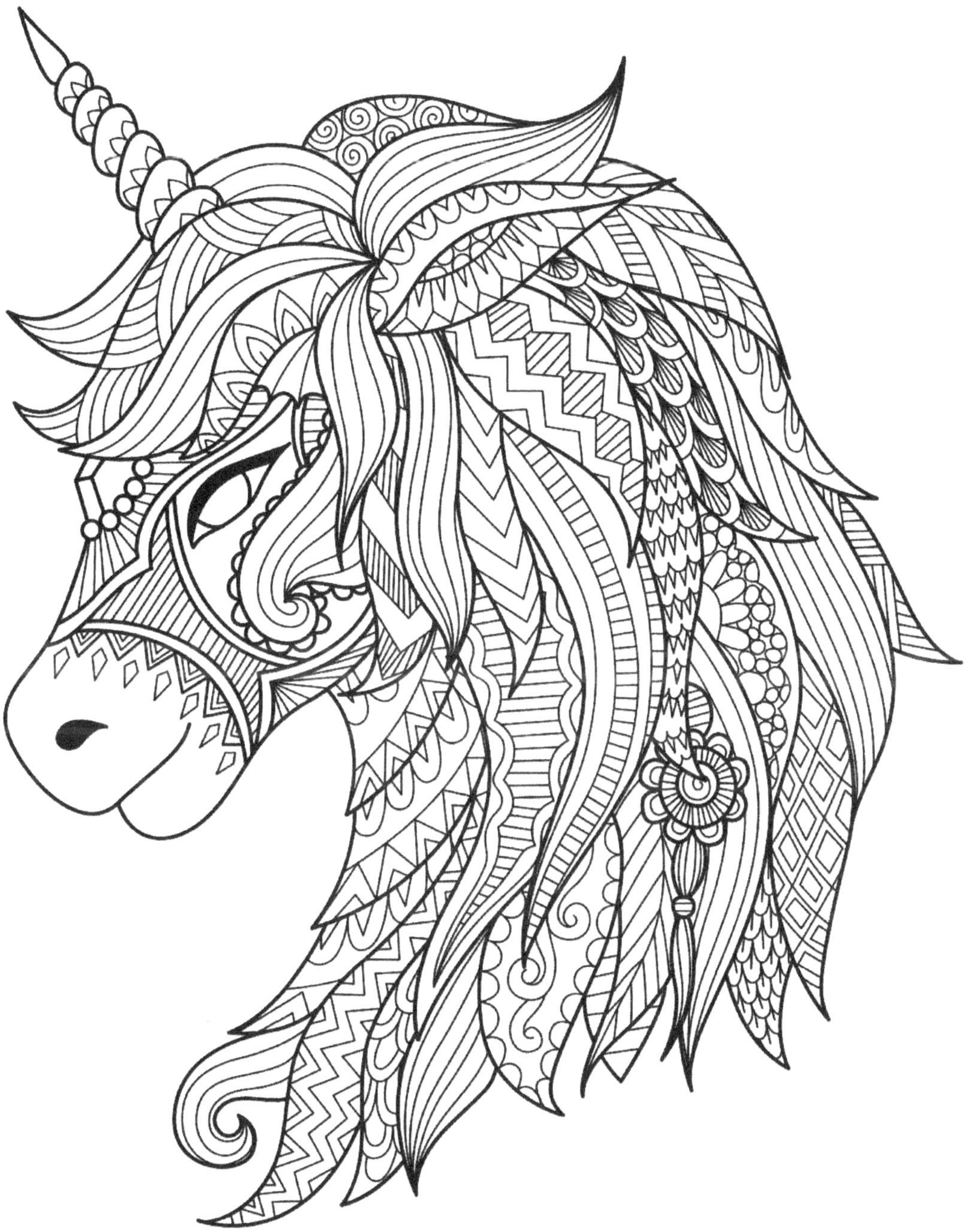

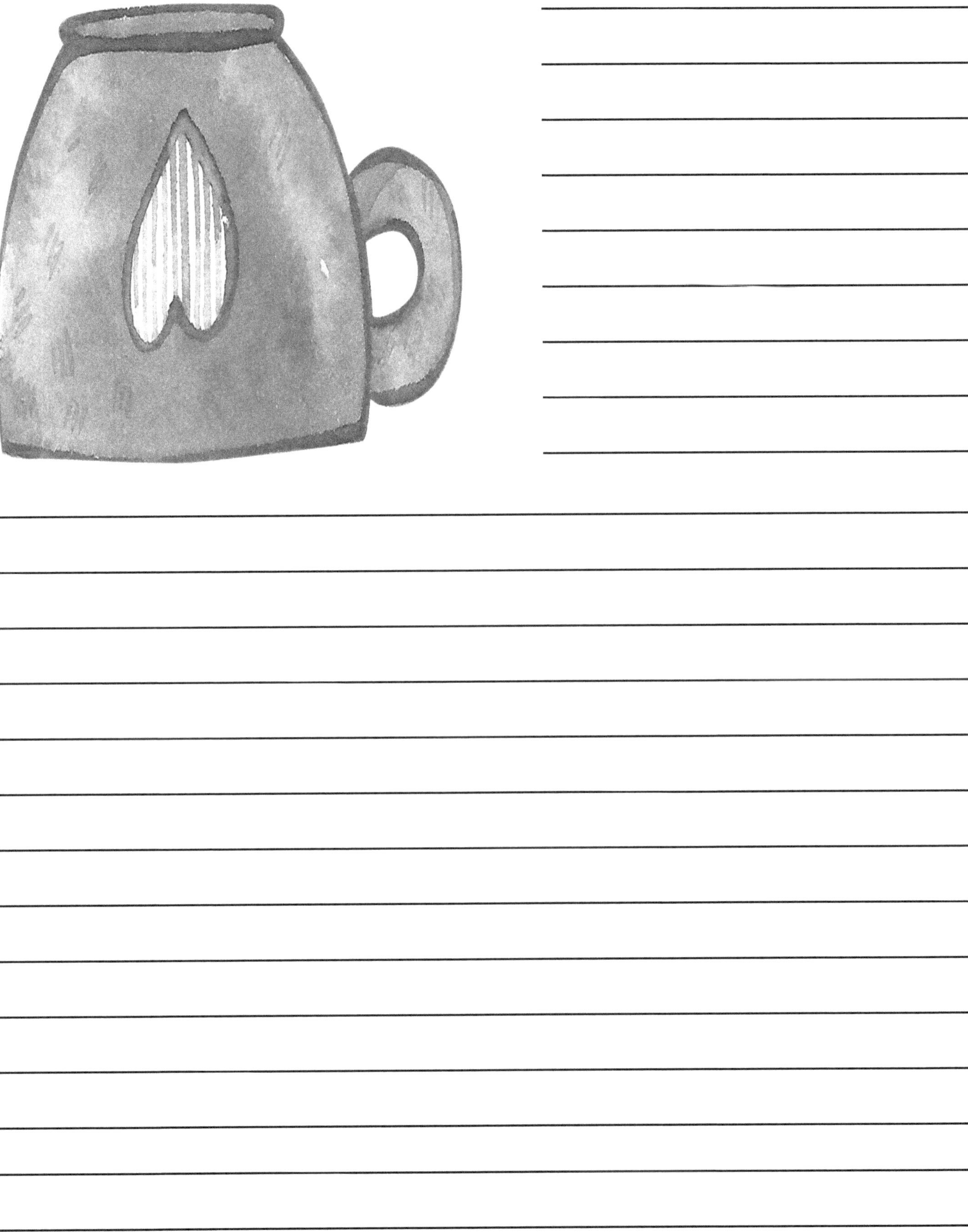

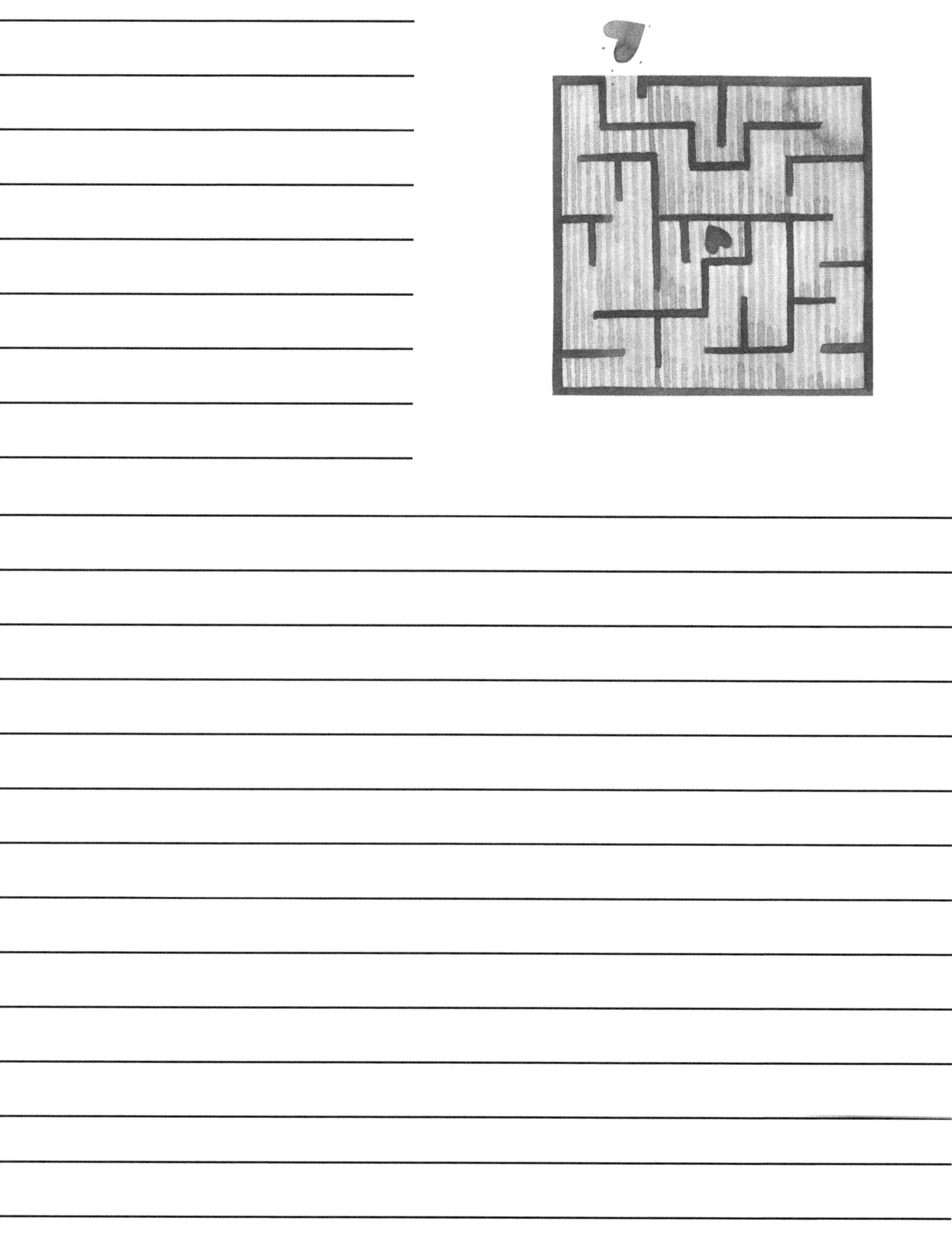

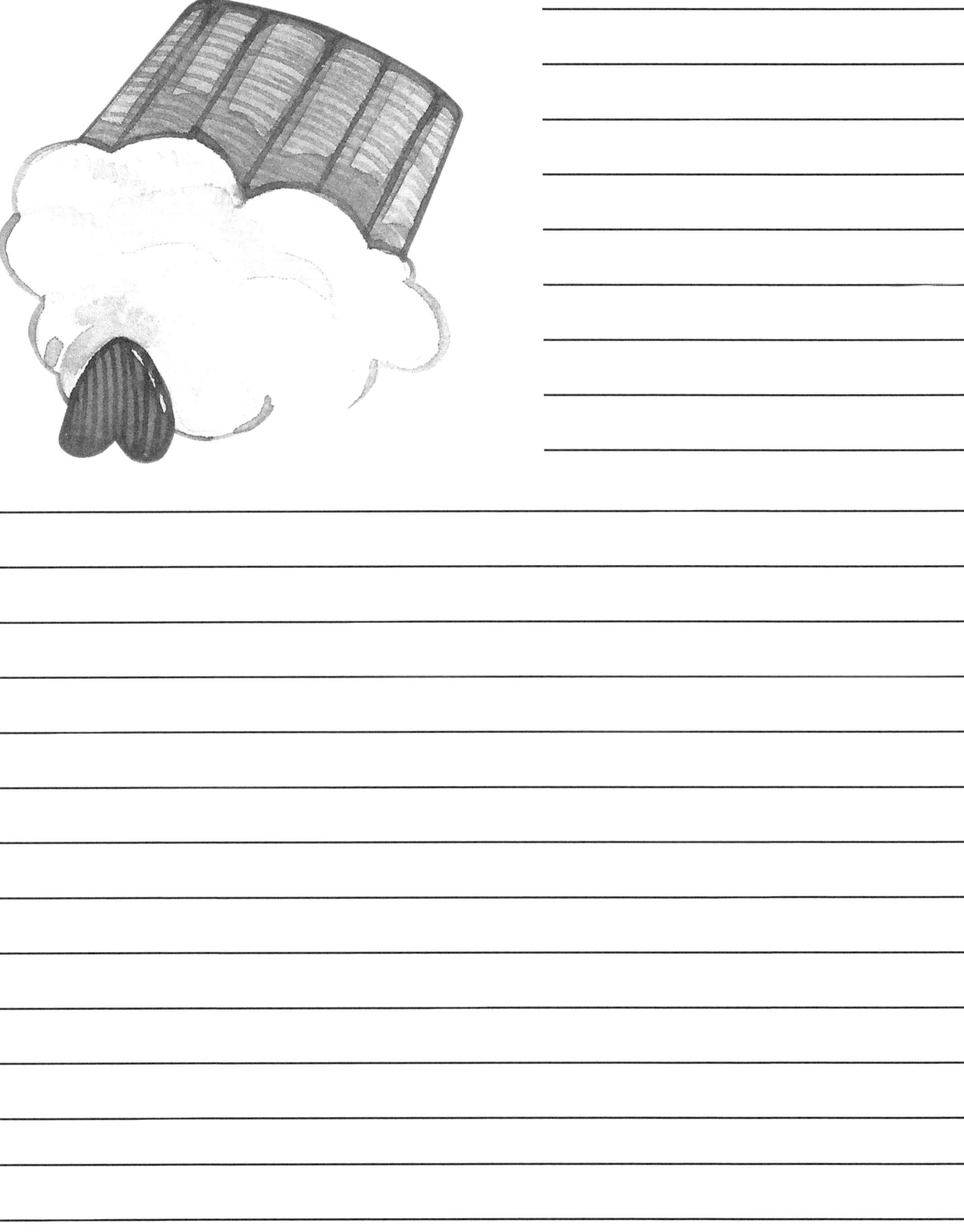

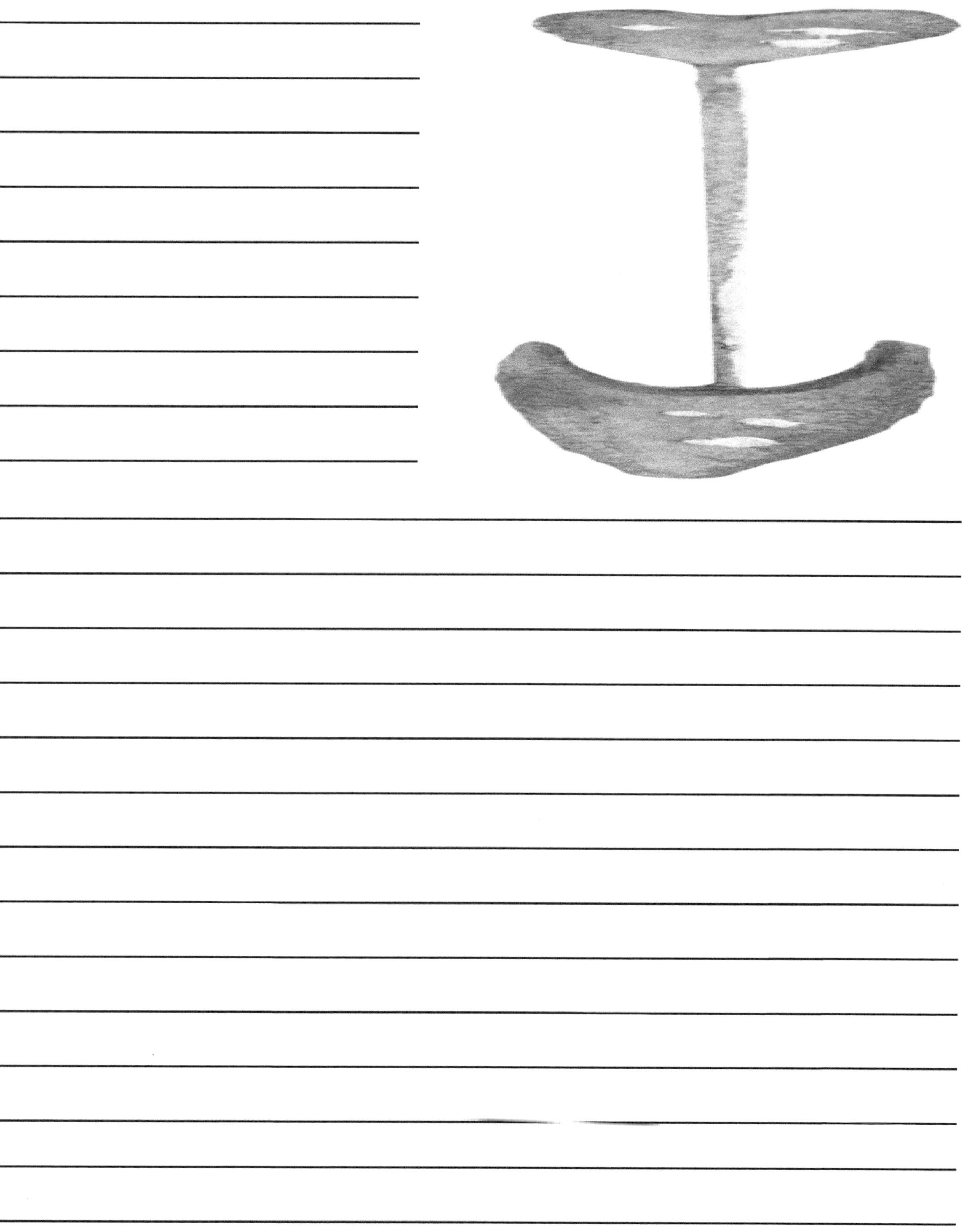

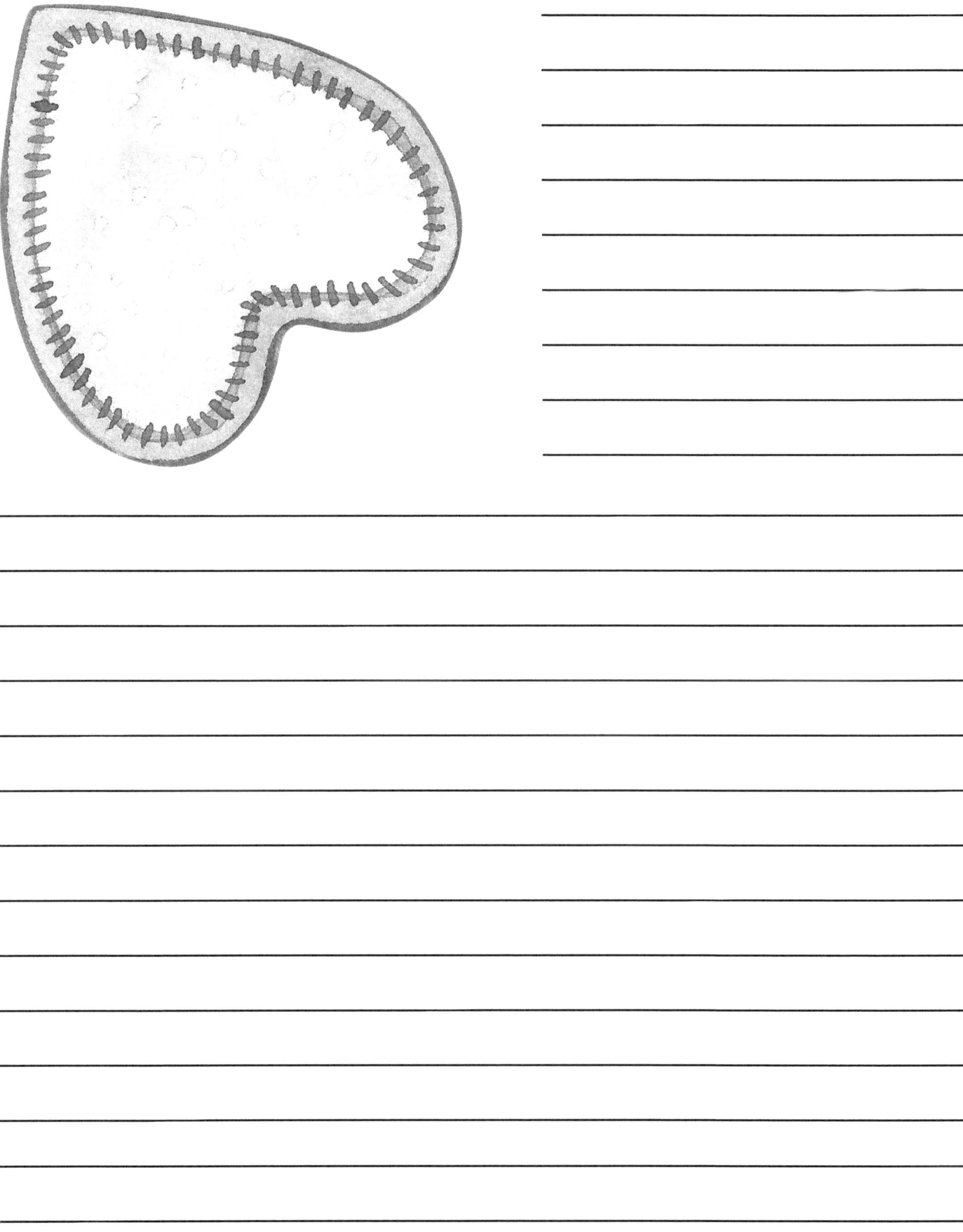

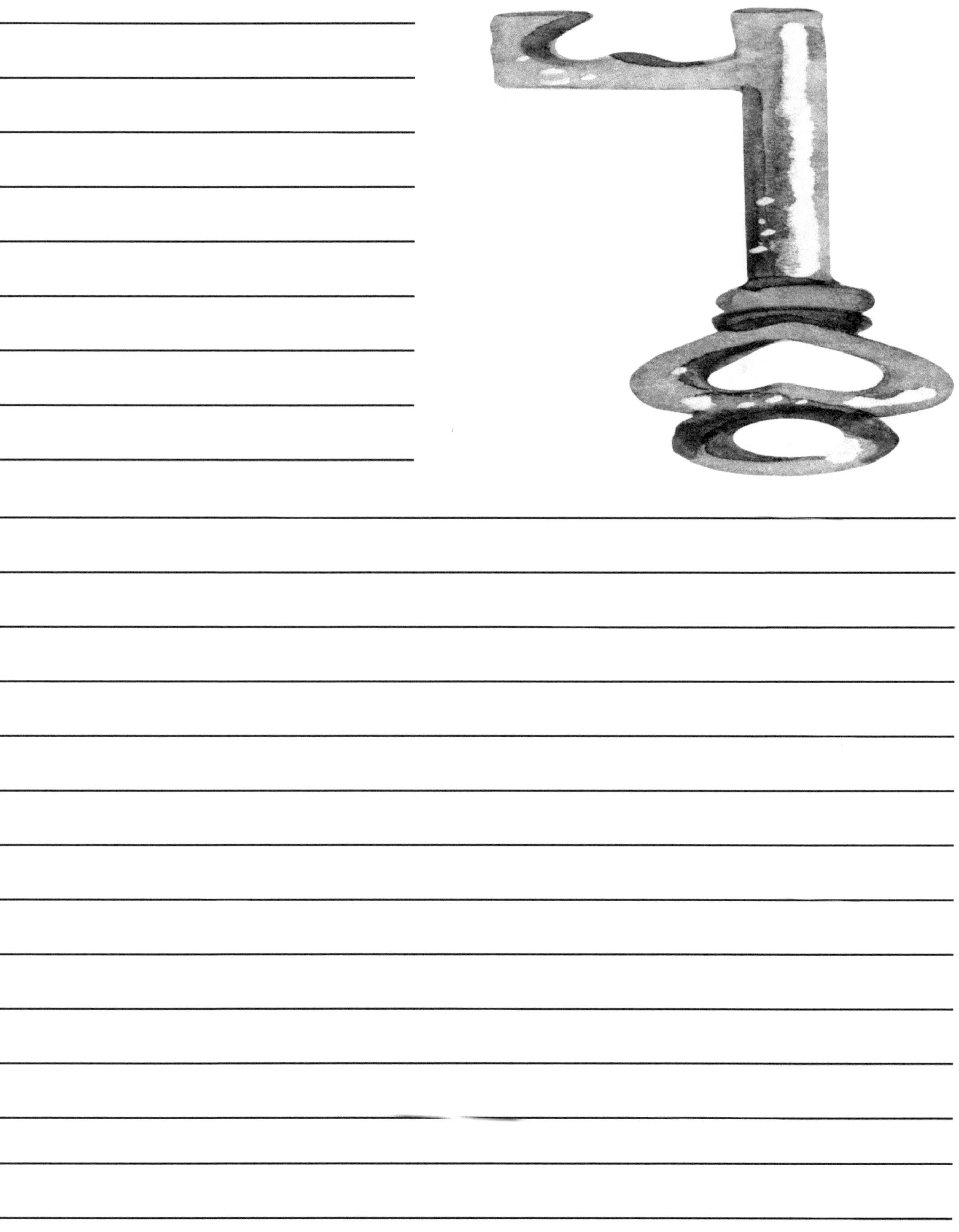

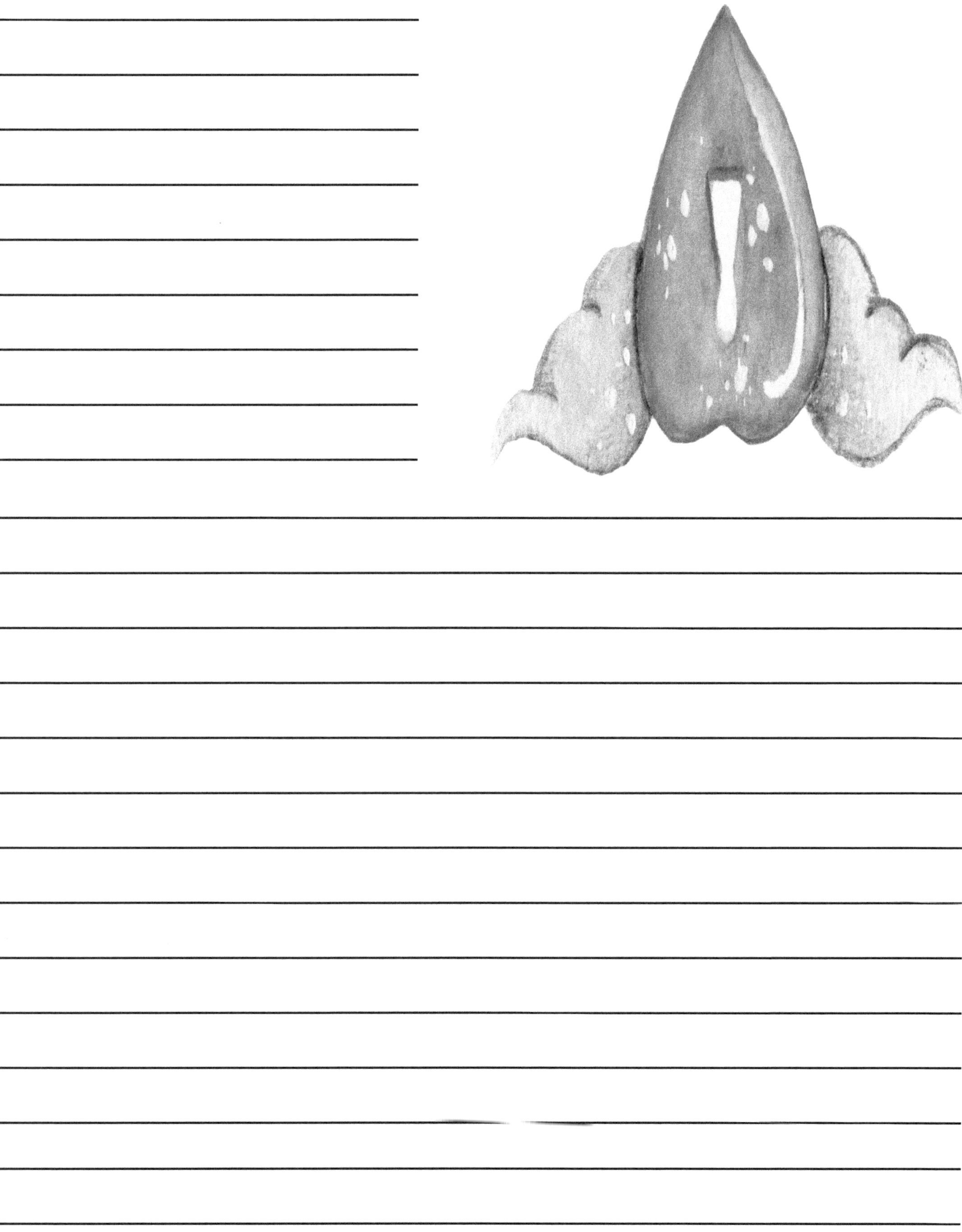

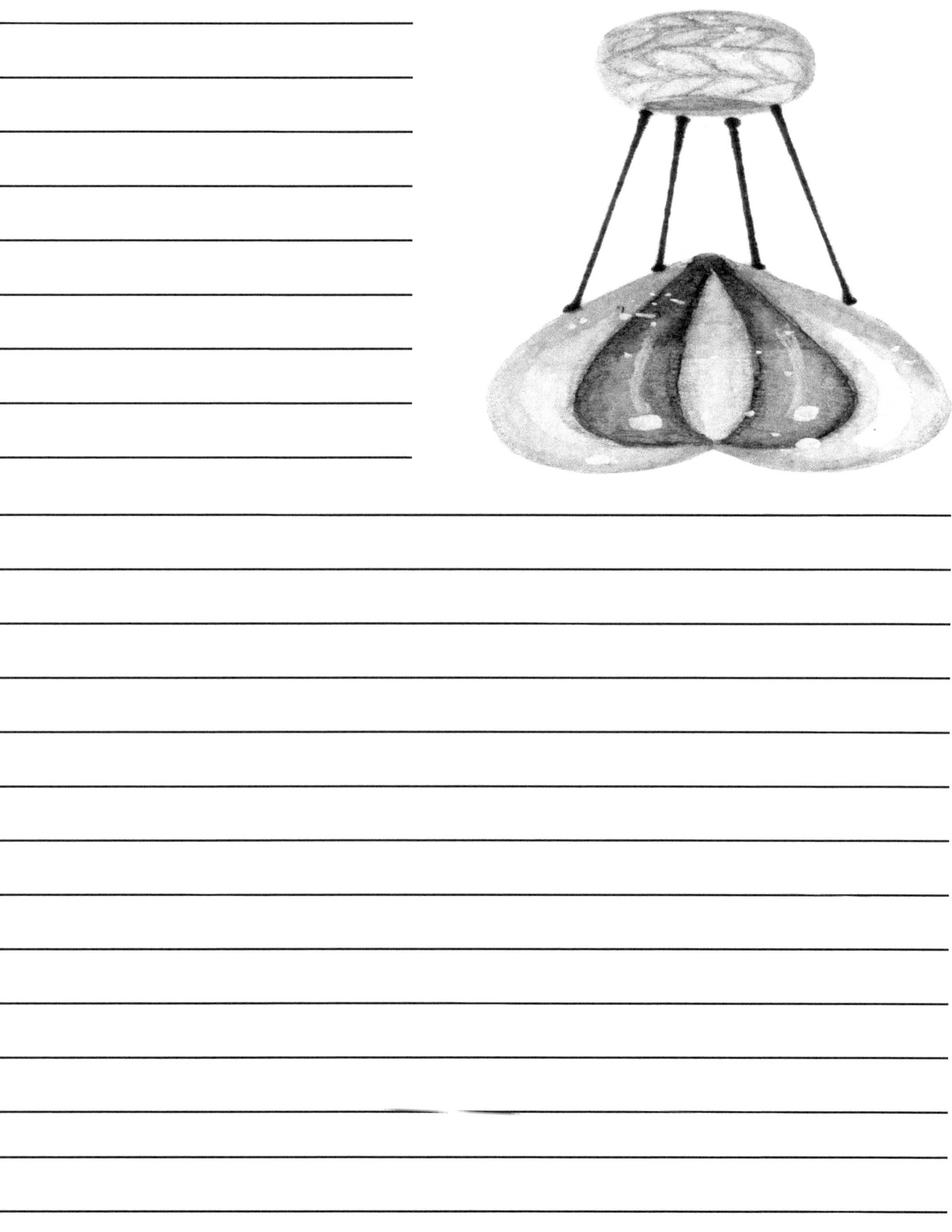

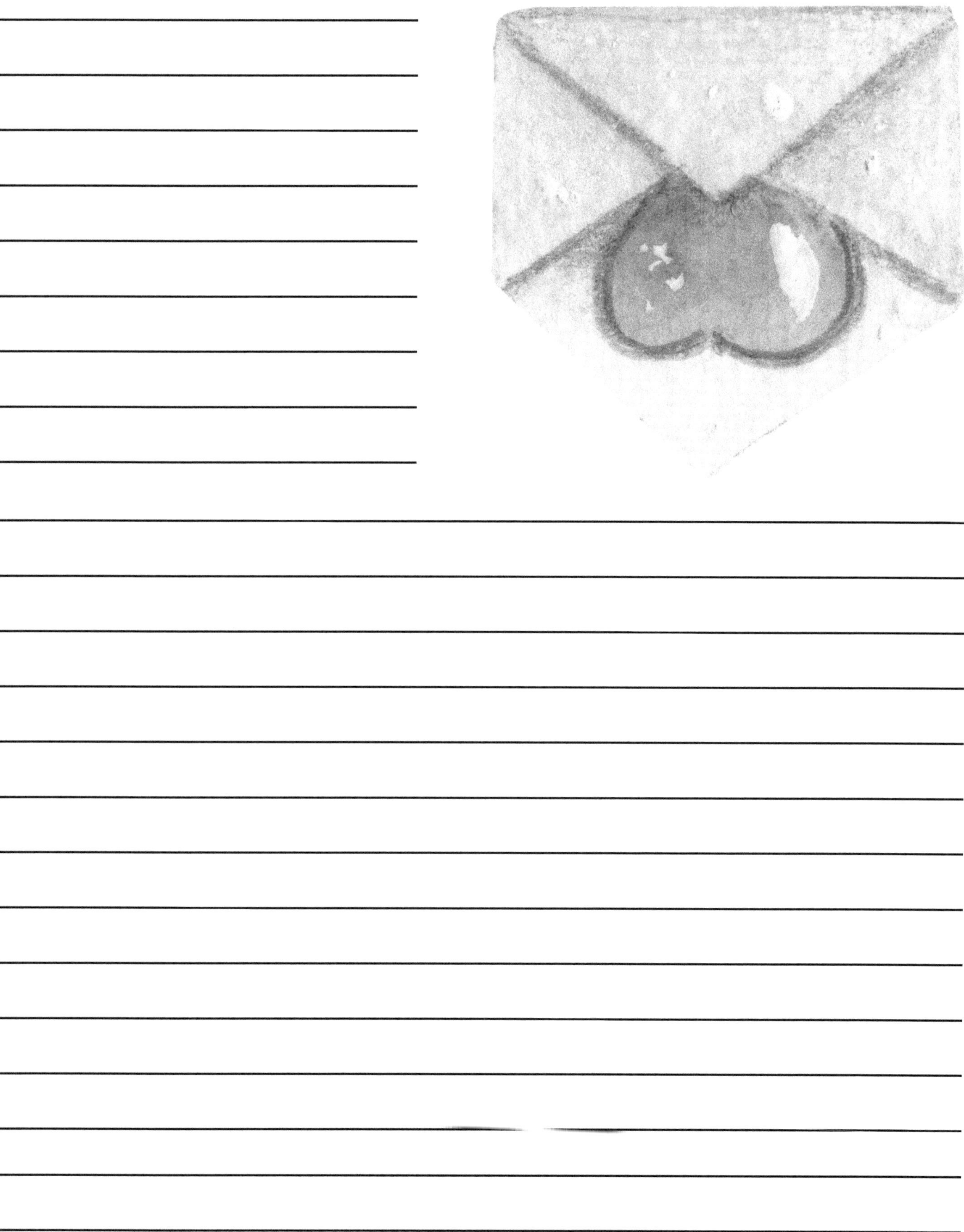

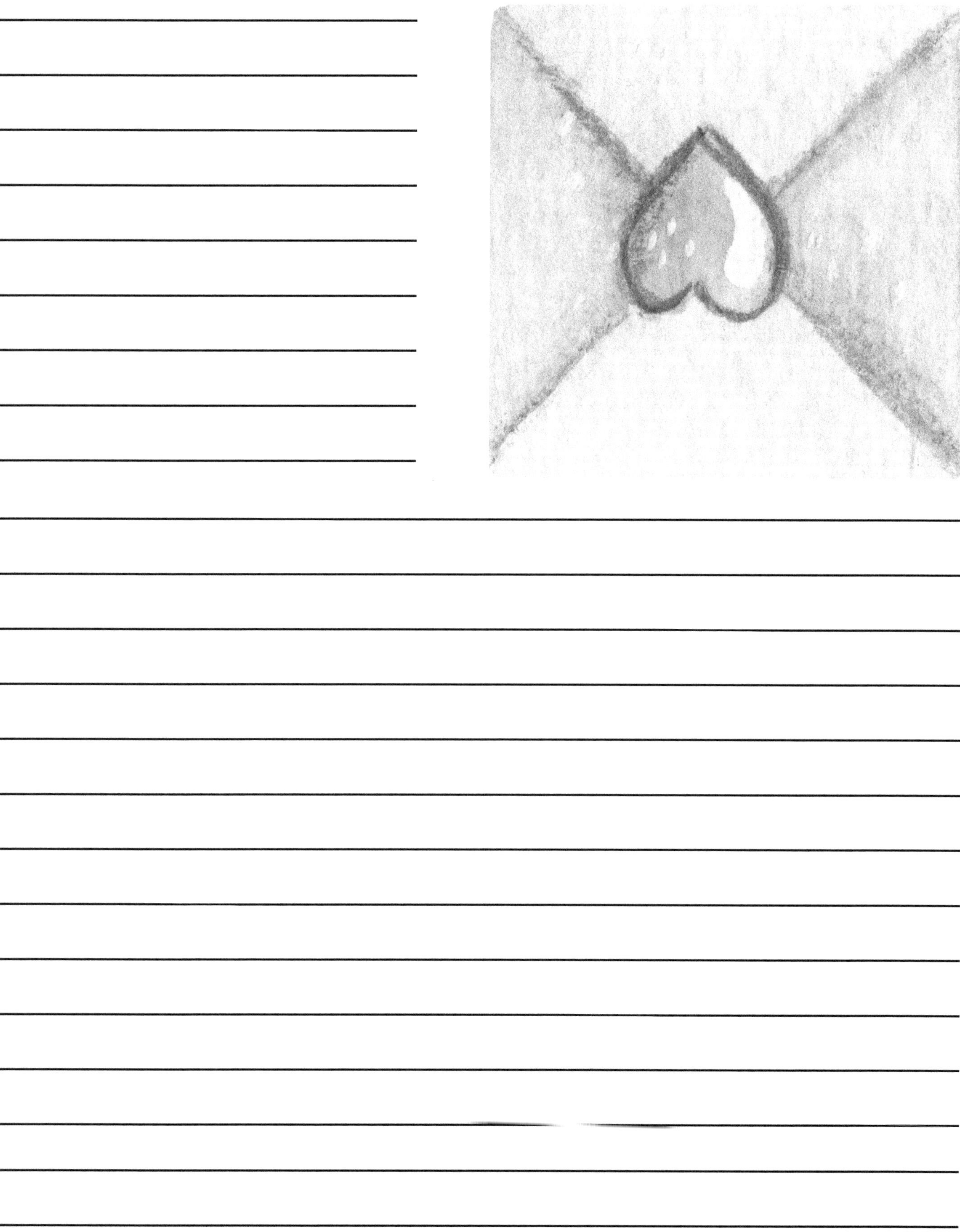

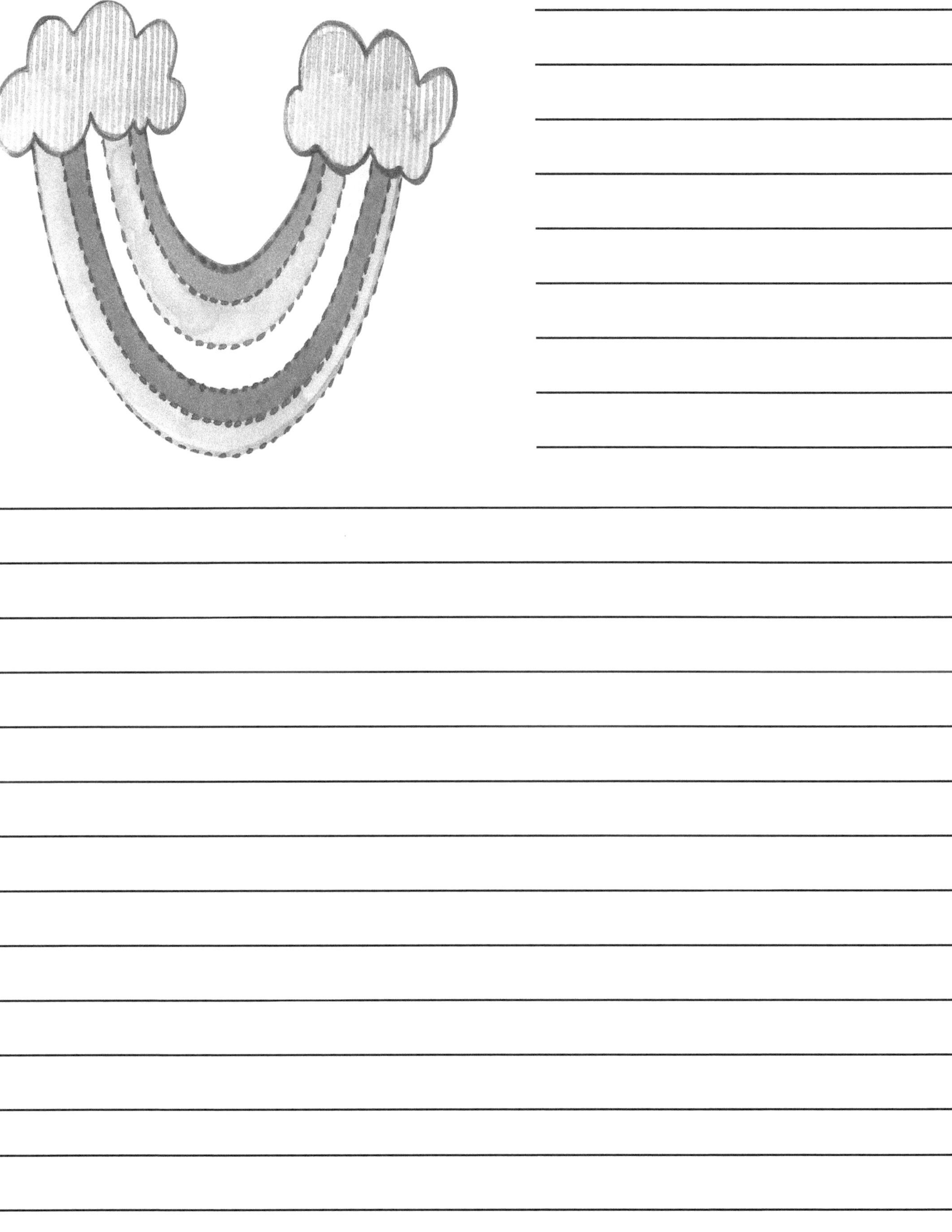

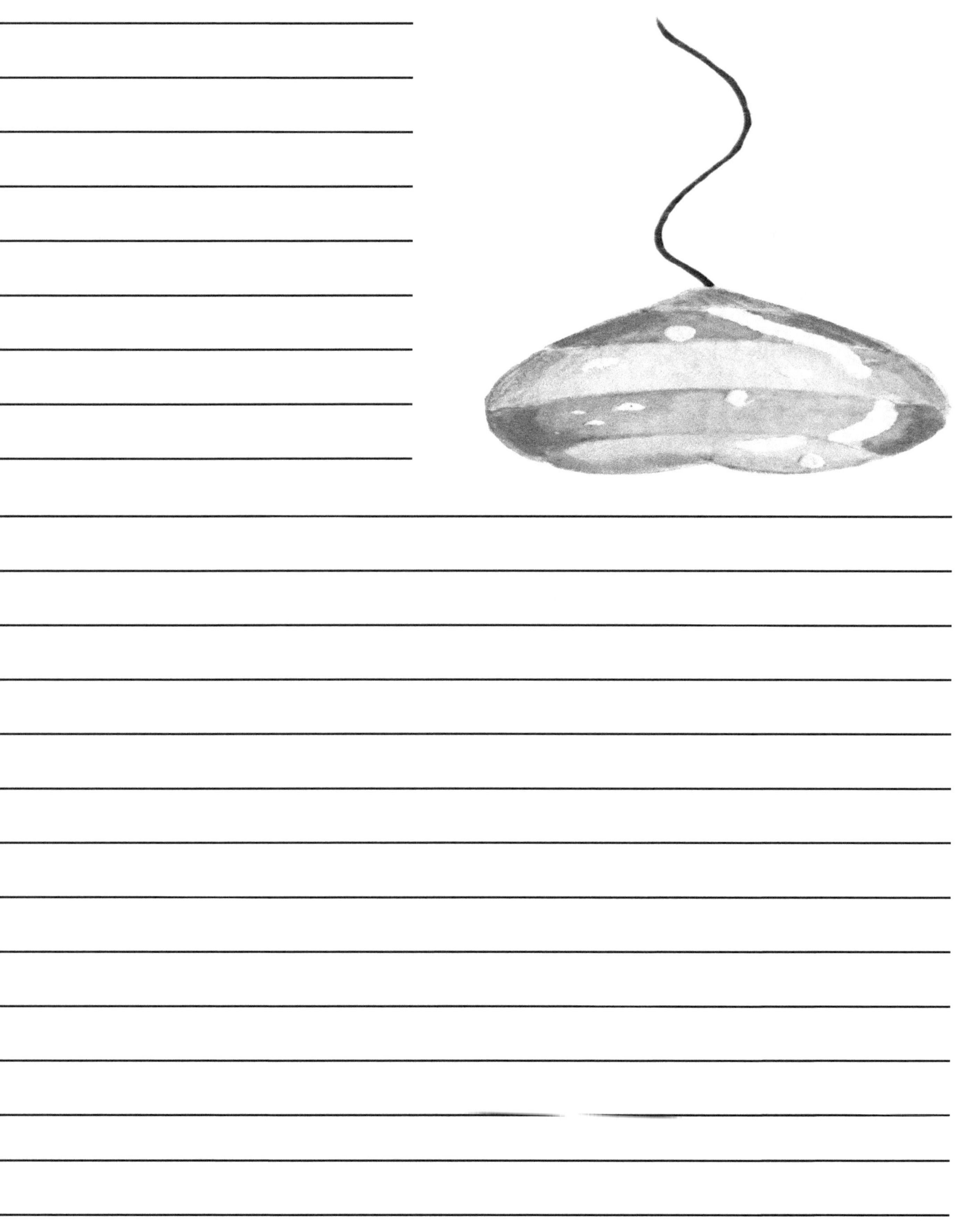

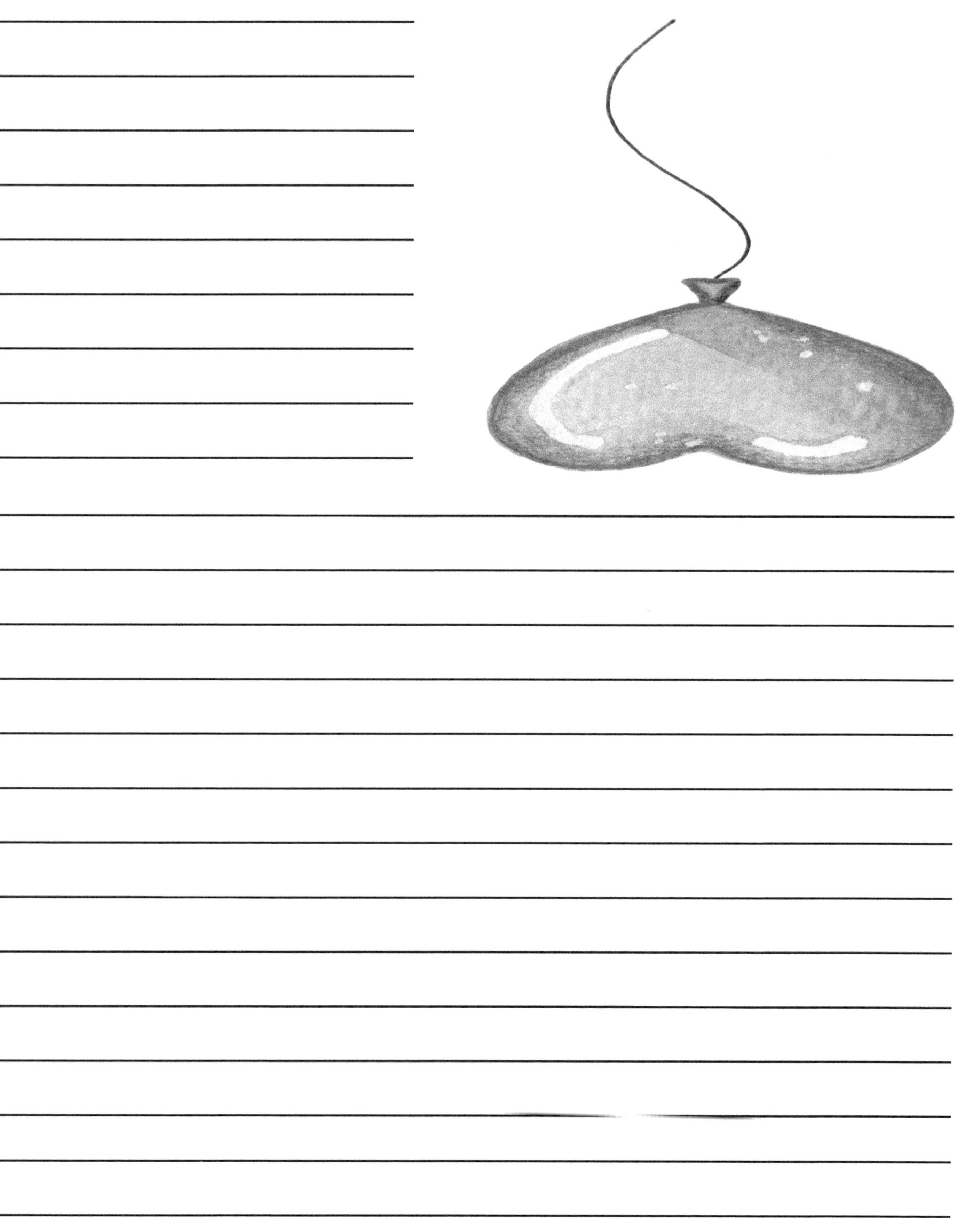

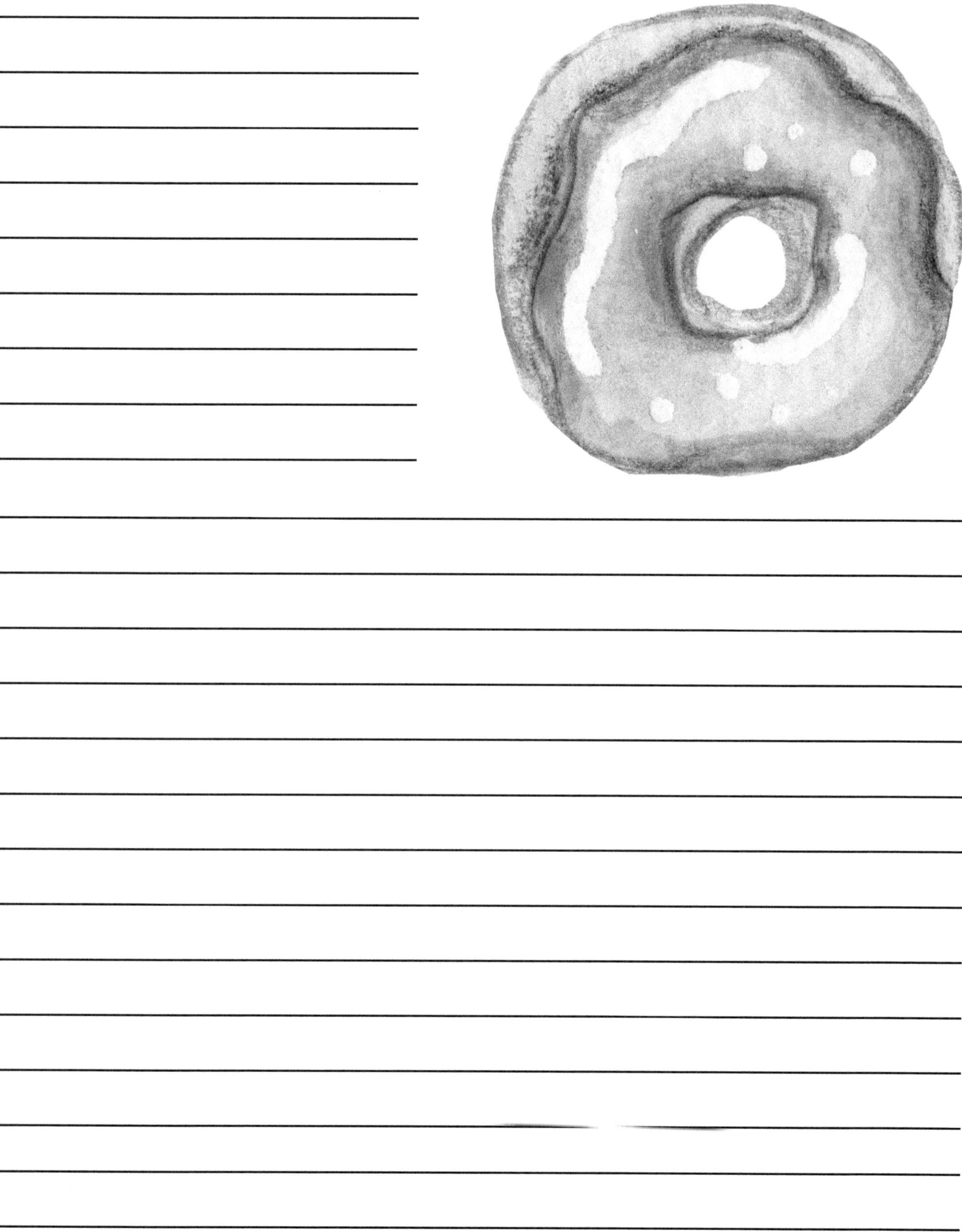

love

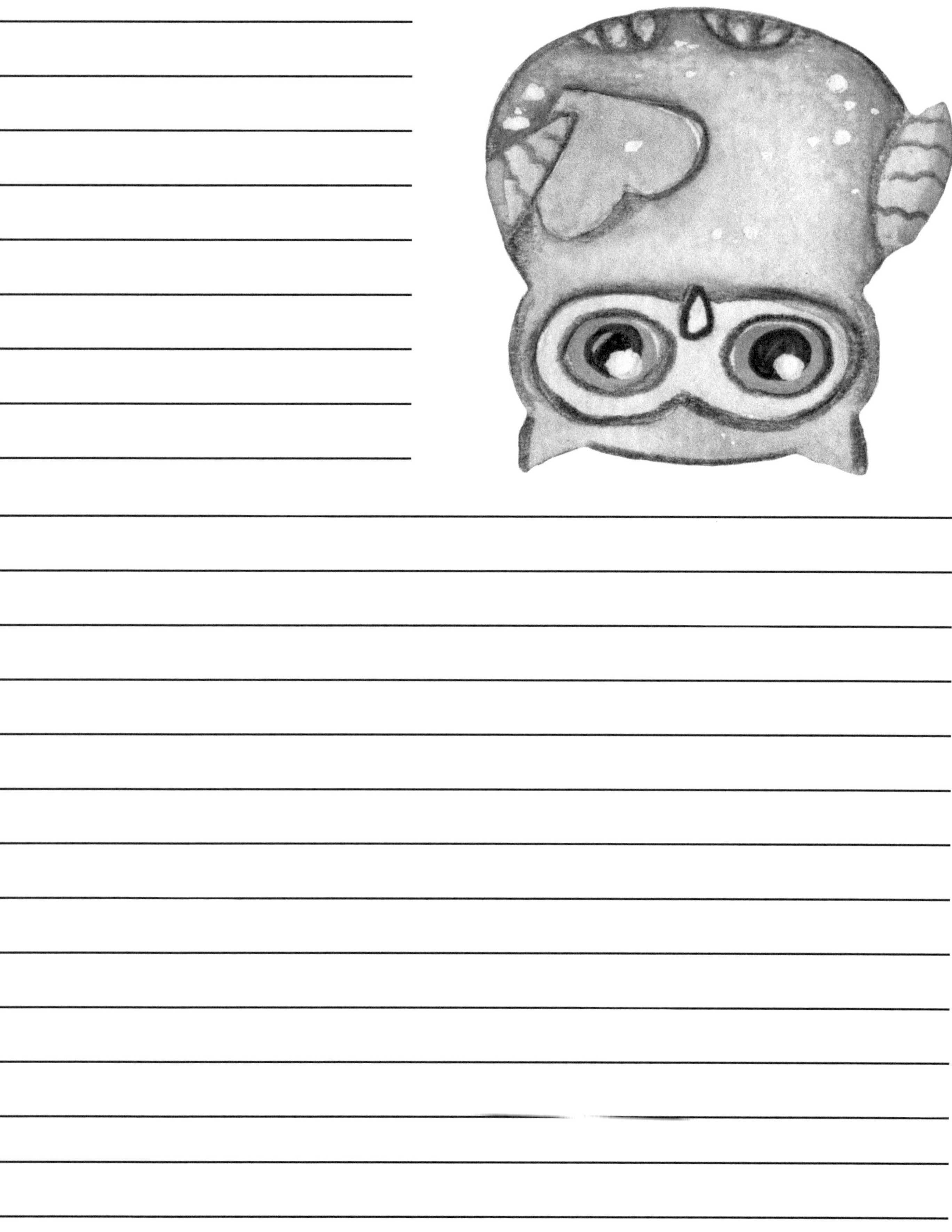

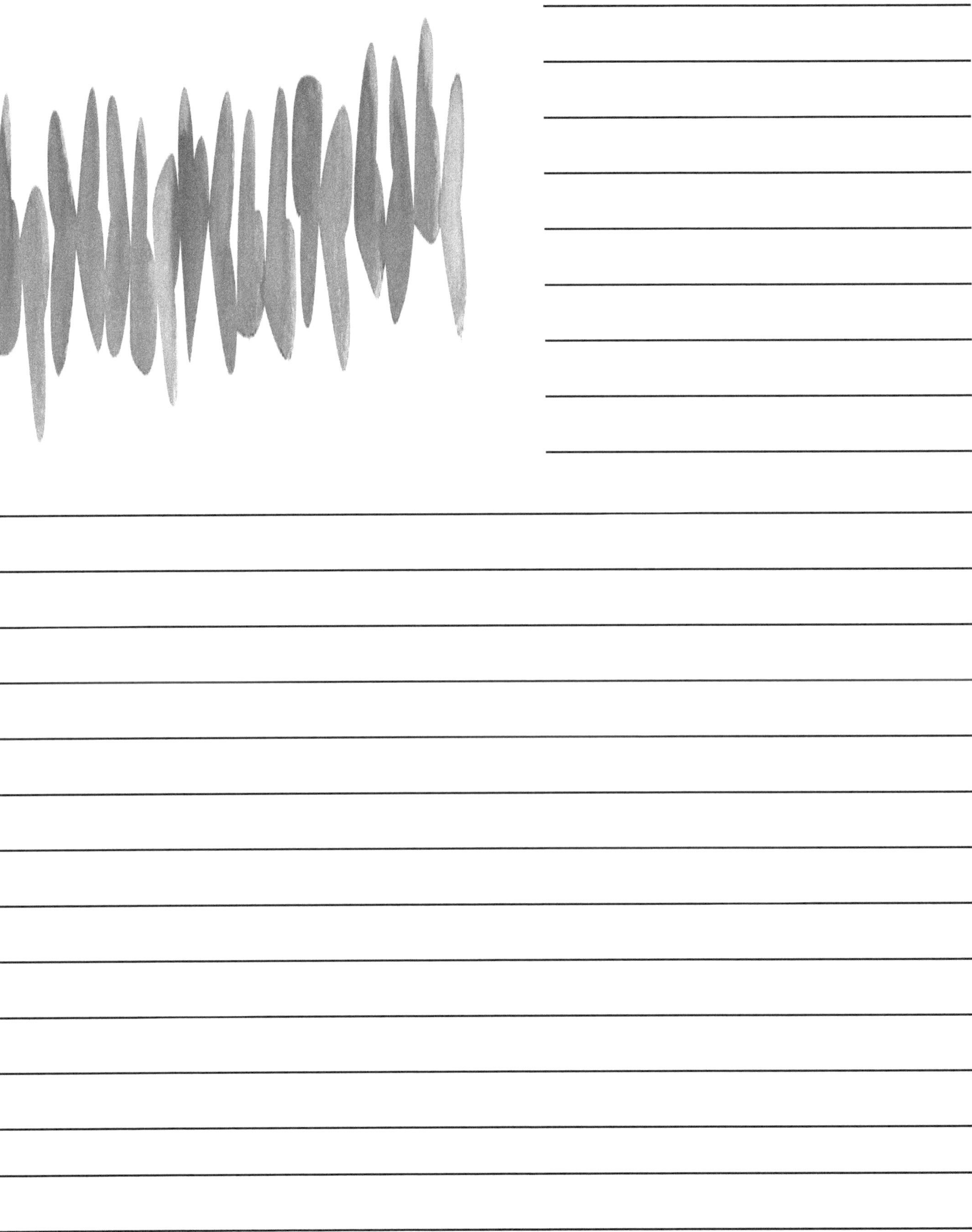

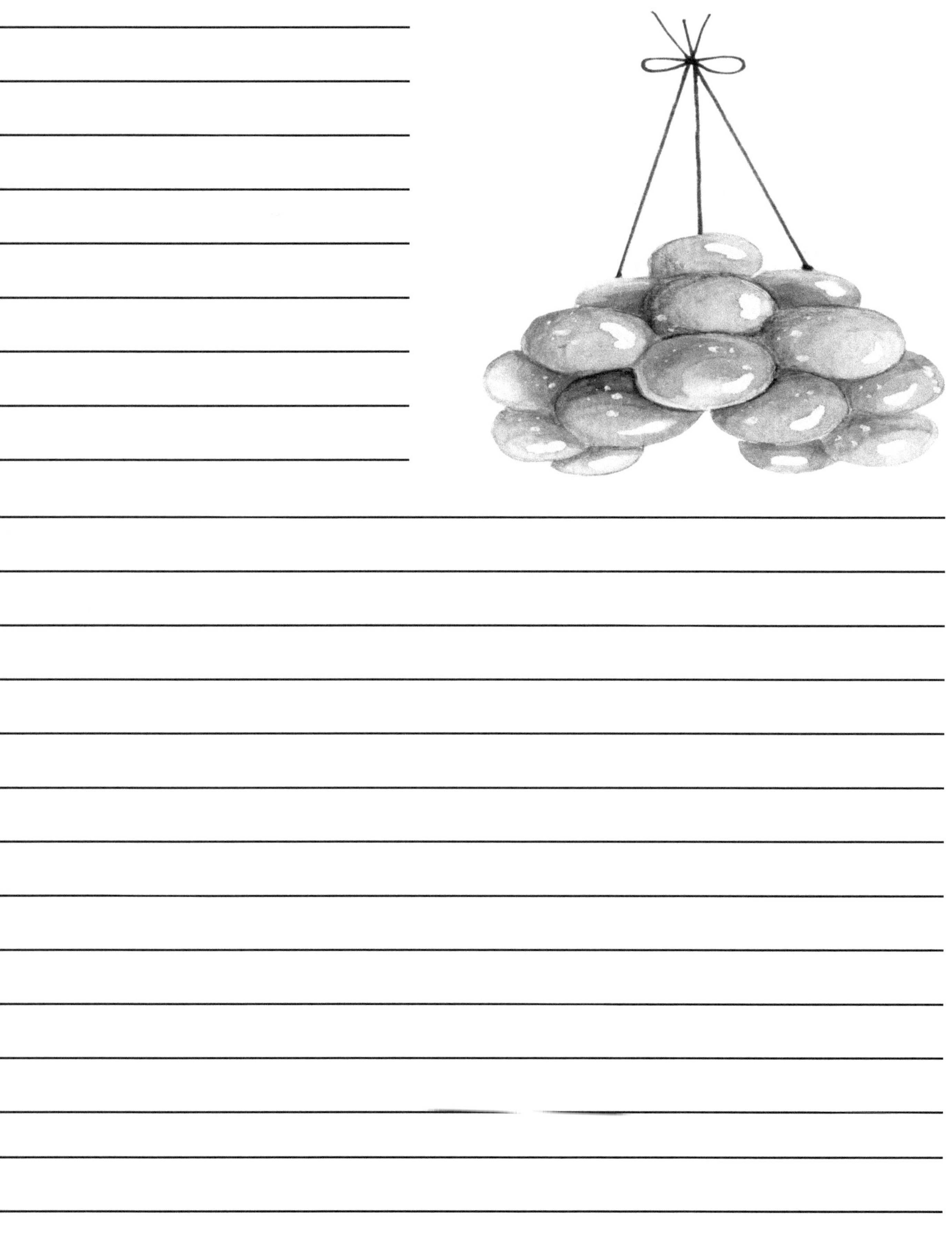

you
+
me
=
love

believe
IN
Love

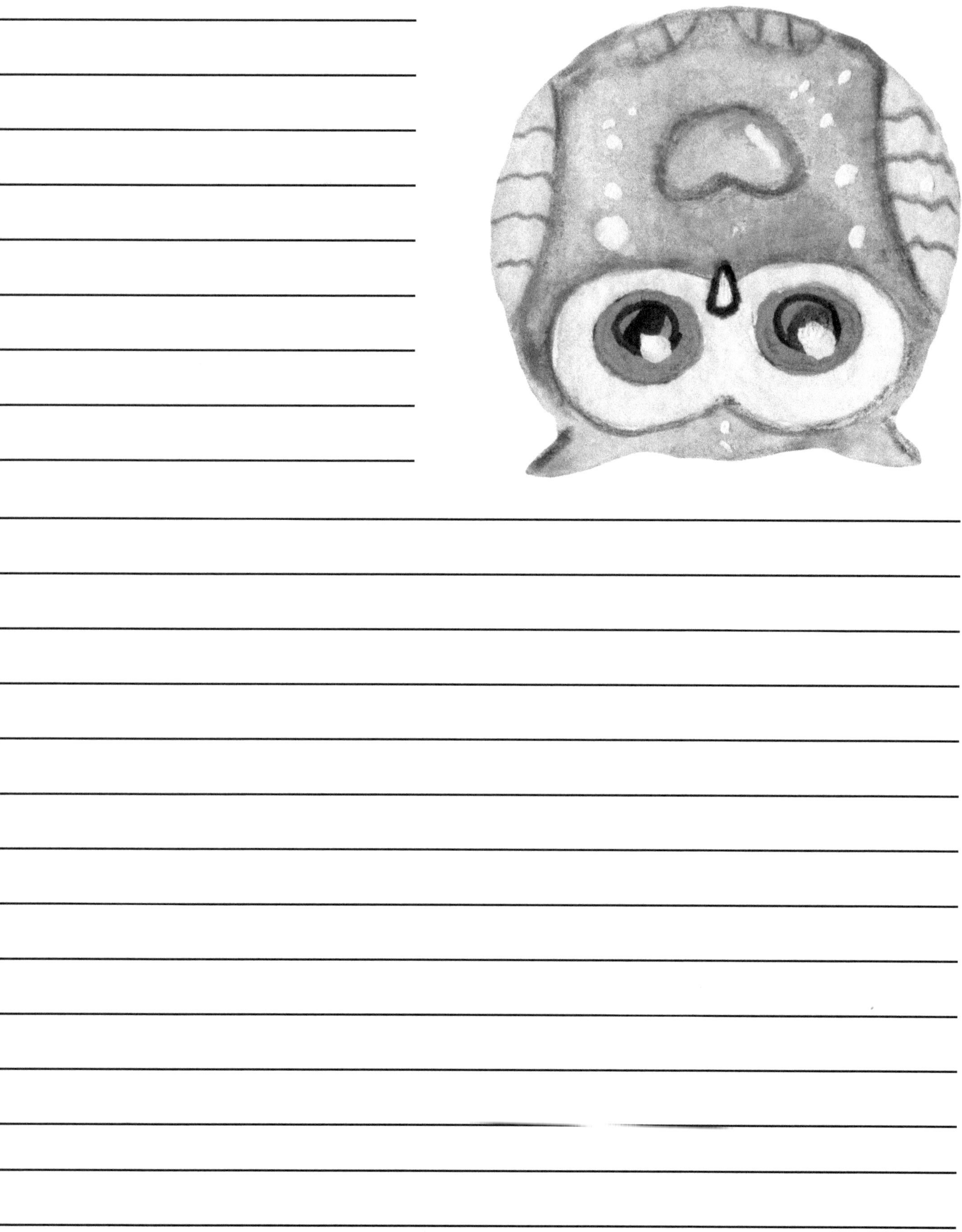

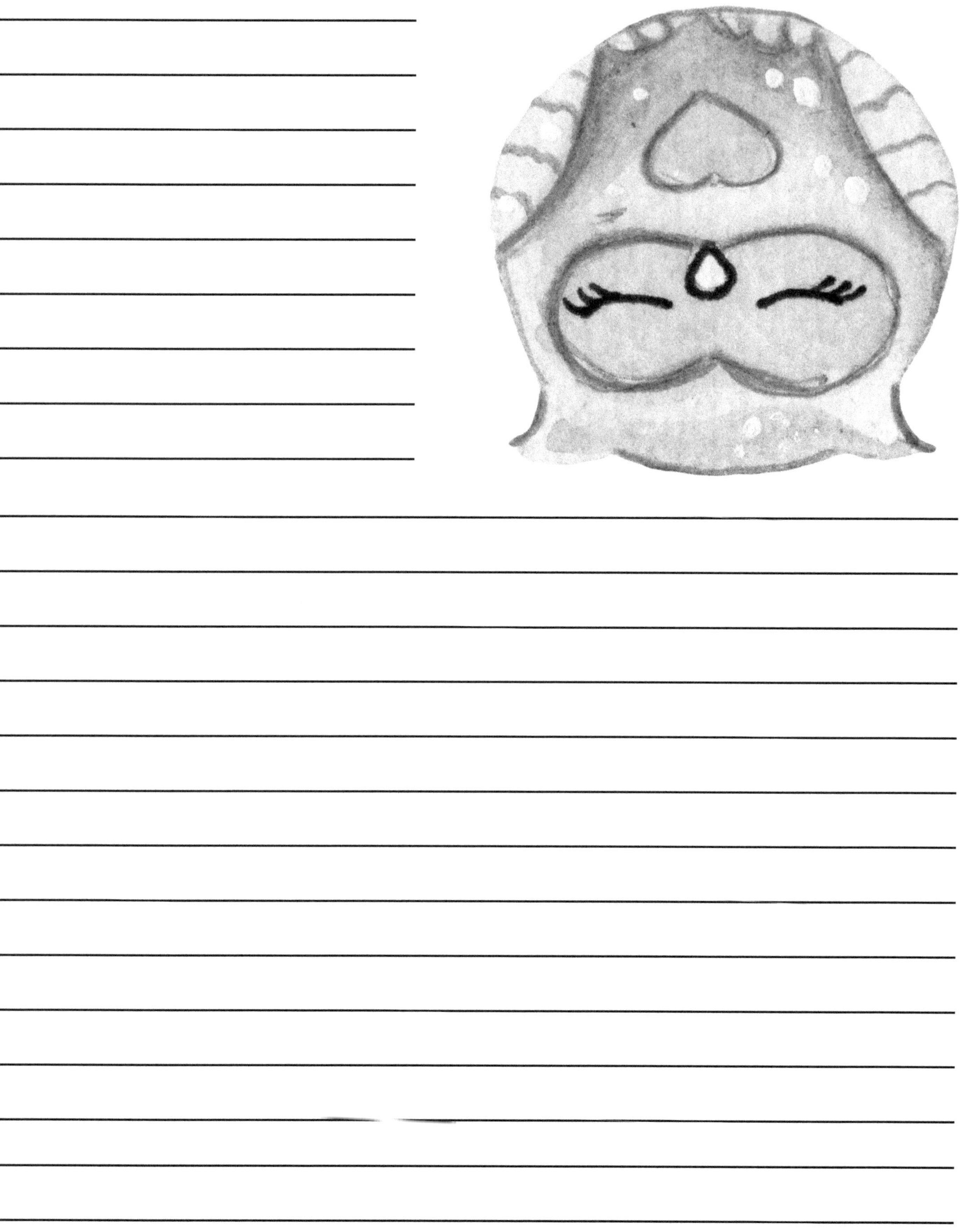

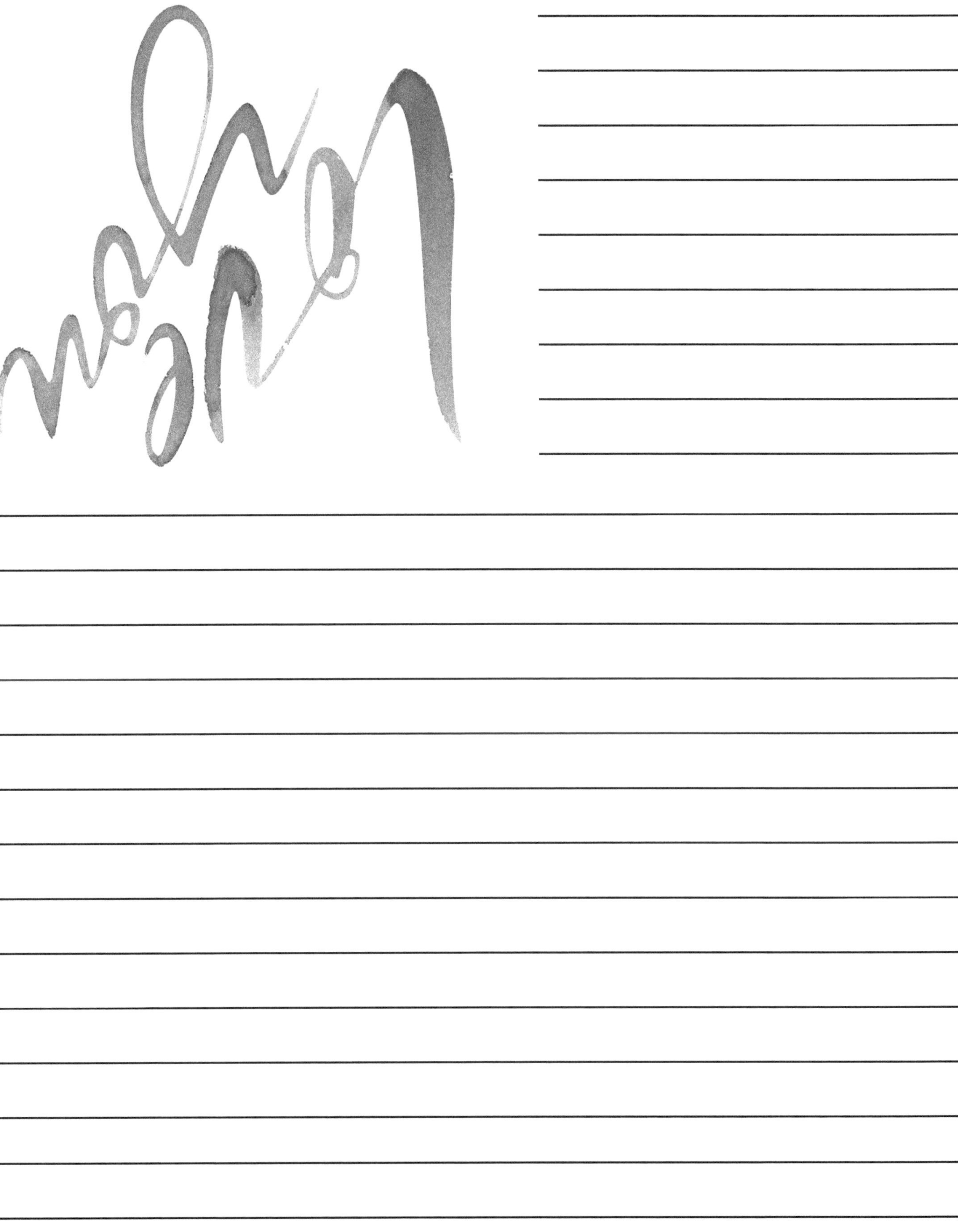

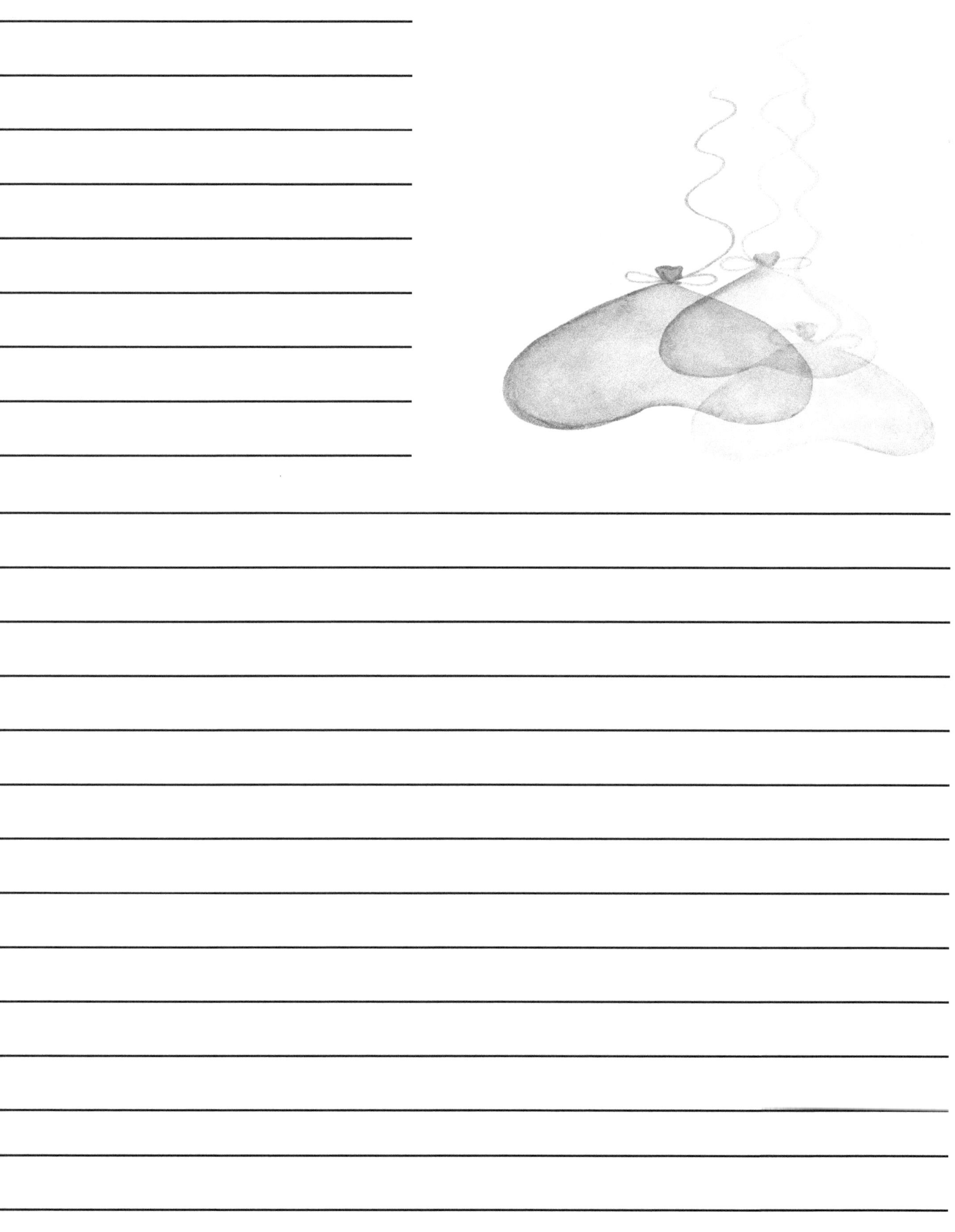

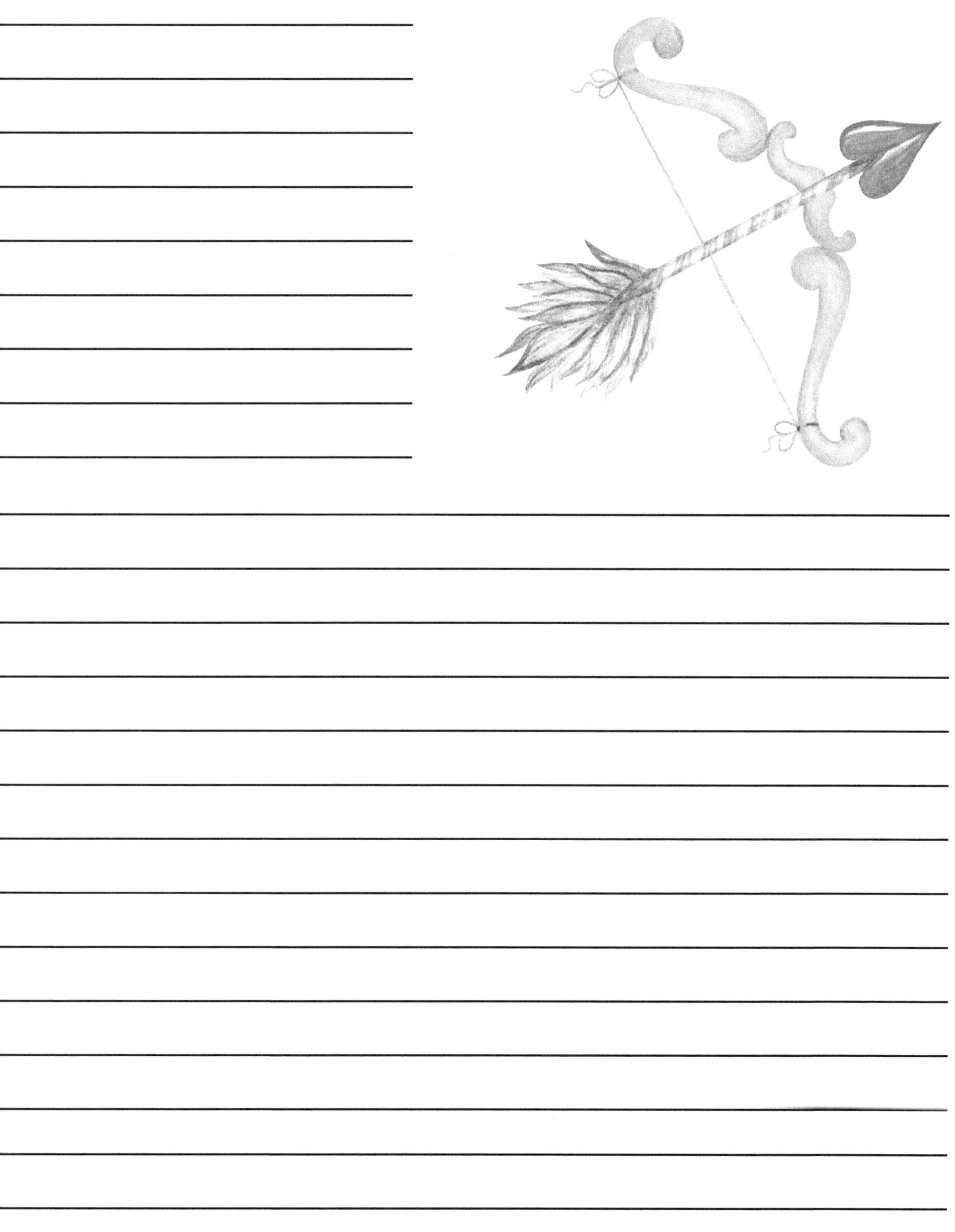

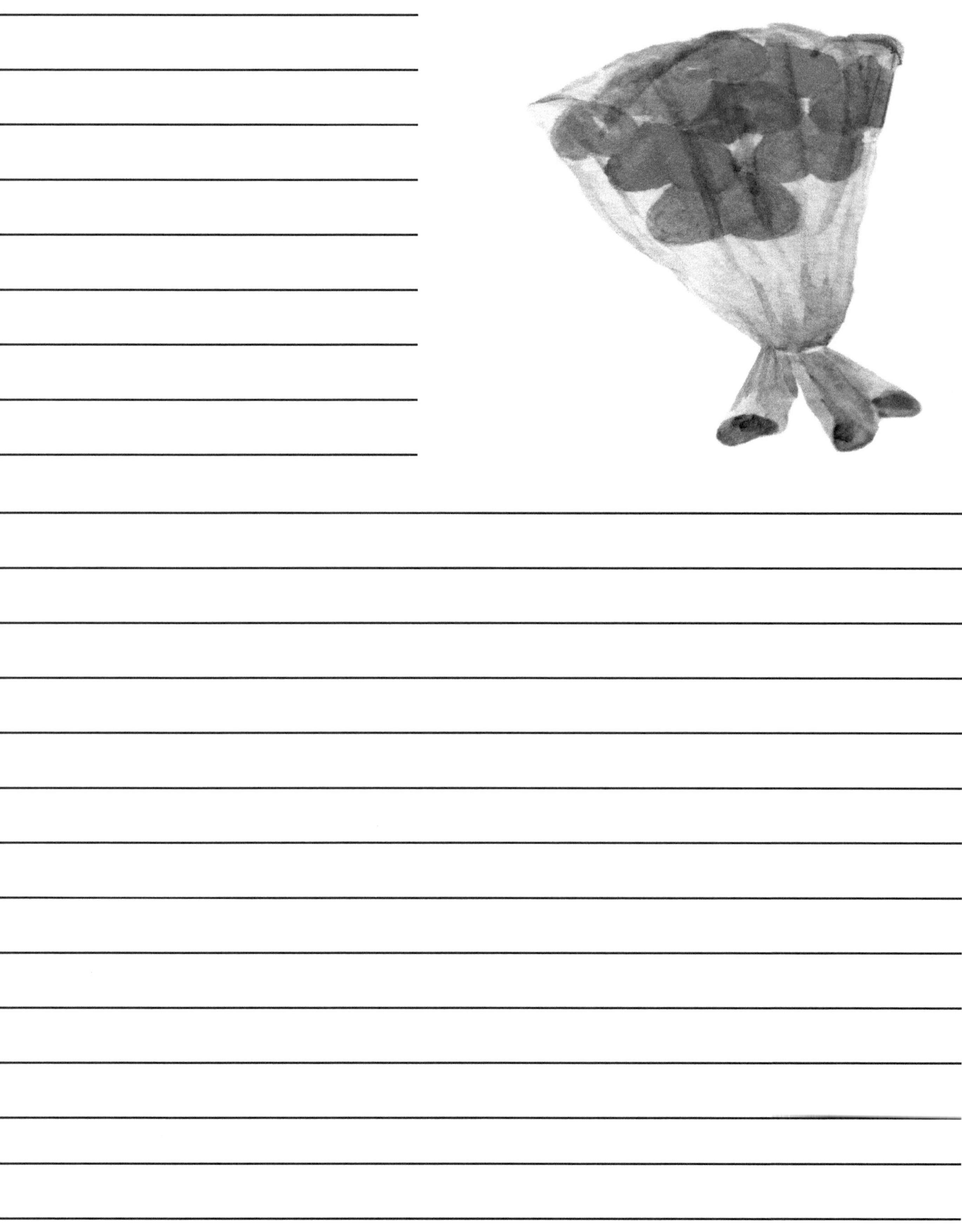

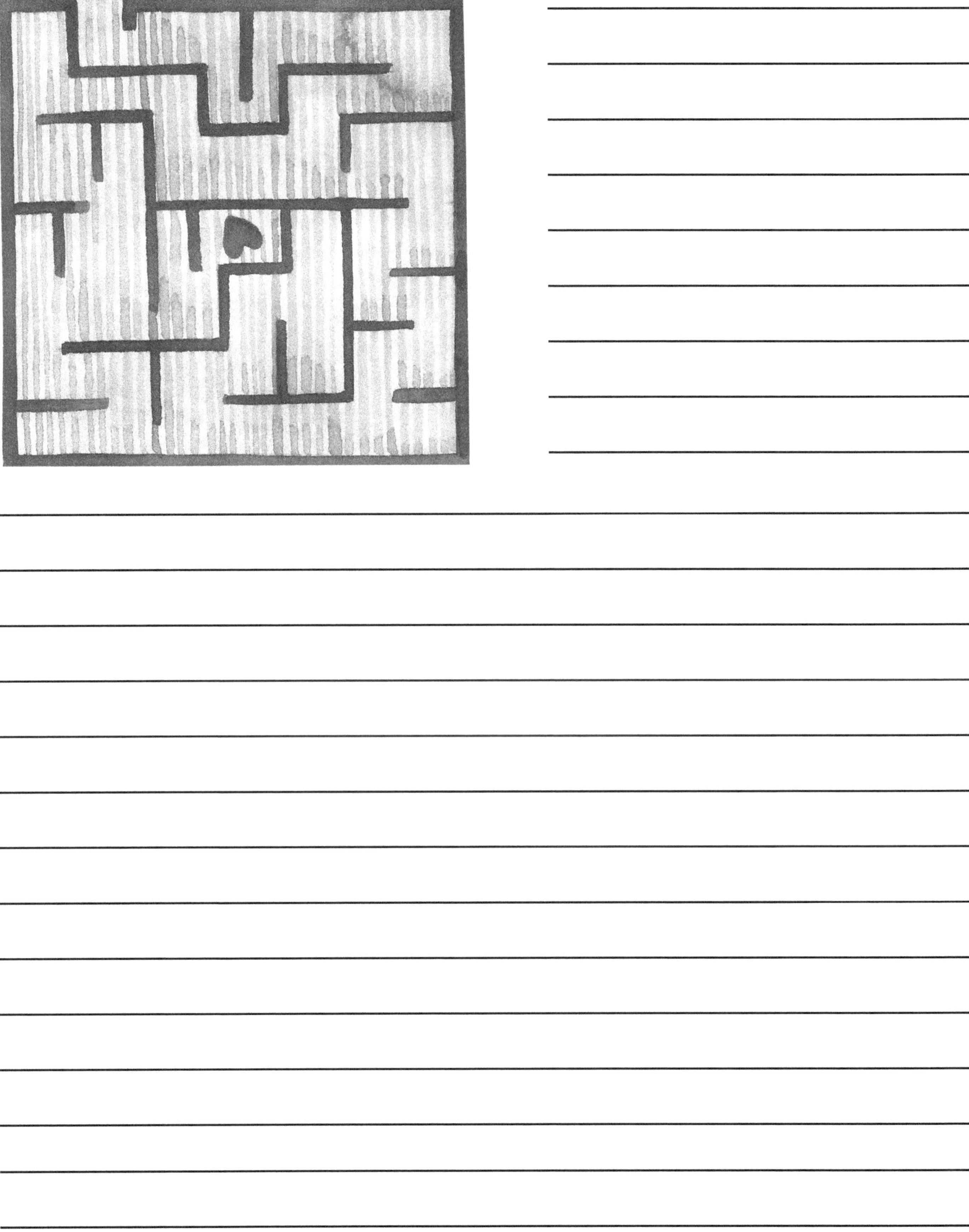

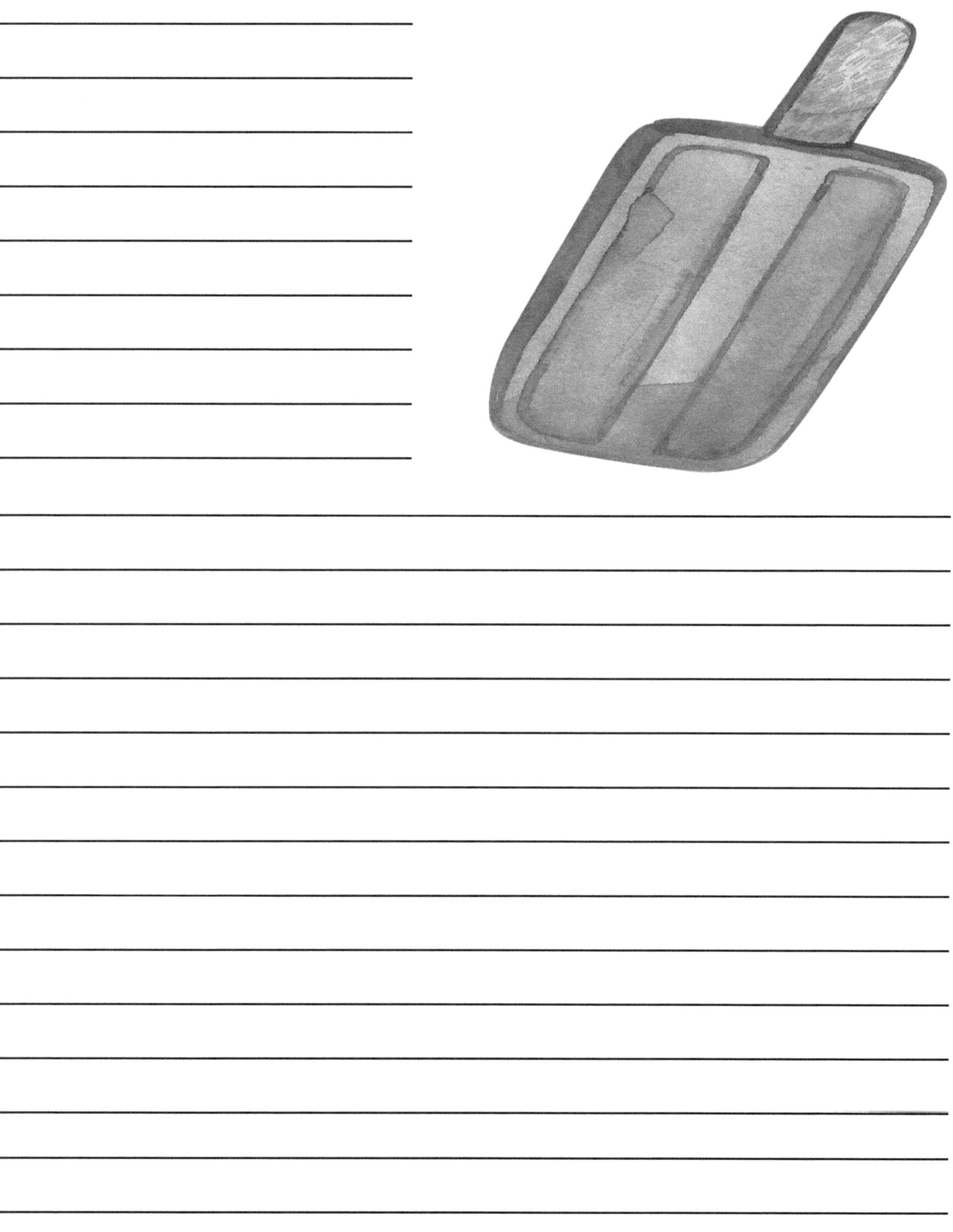

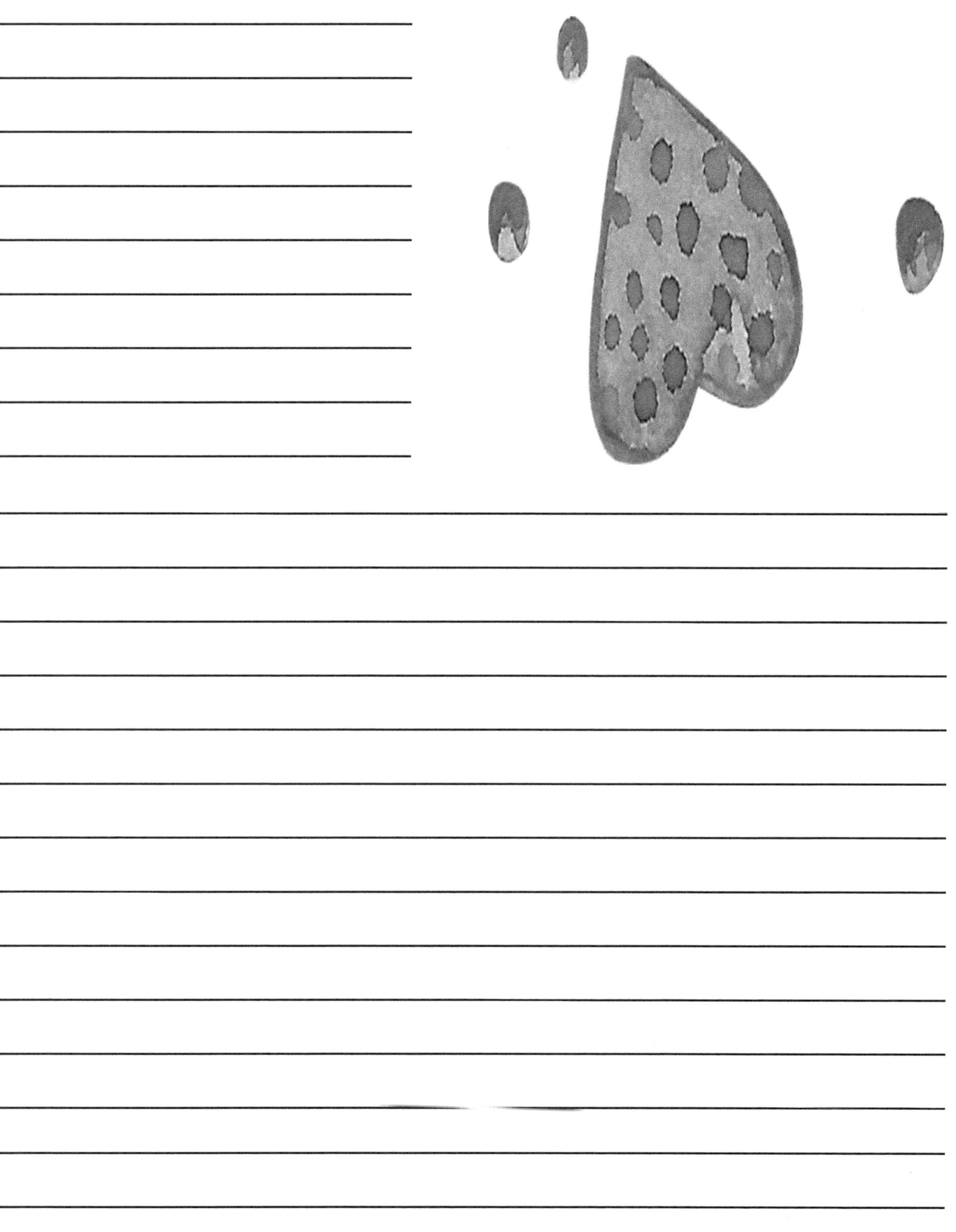

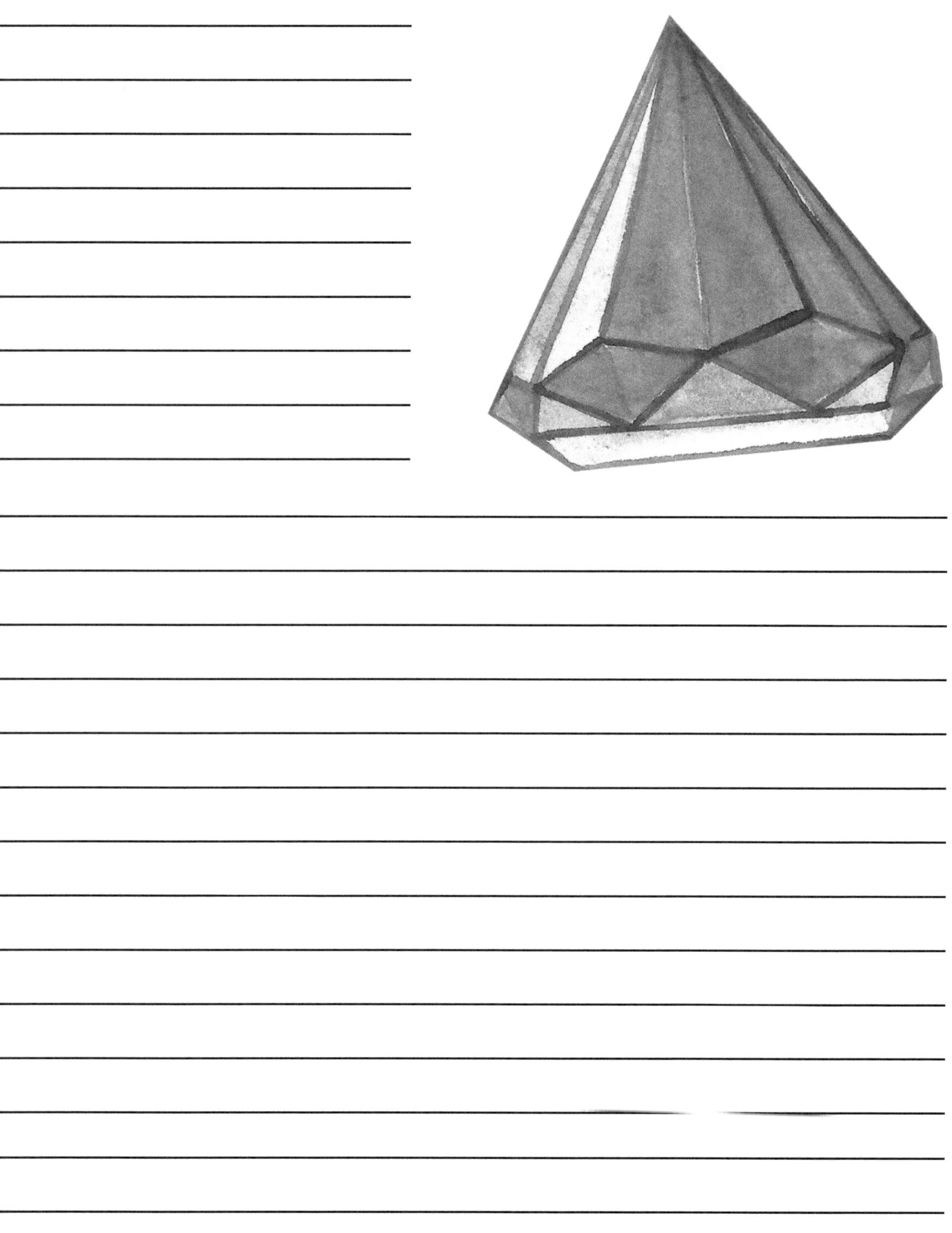

- Acts of Kindness Tracker -

＃ - Acts of Kindness Tracker -

- Acts of Kindness Tracker -

Notes

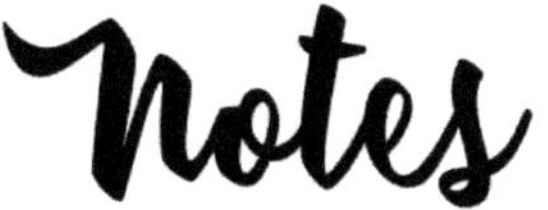

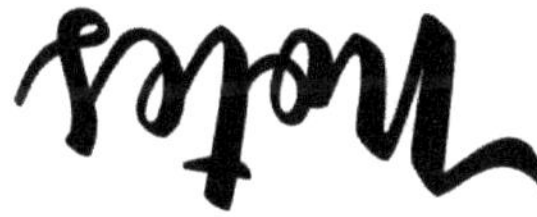

Notes

Notes

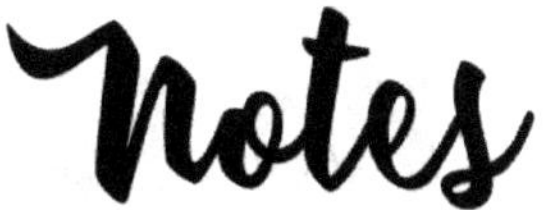